飲食文選

吳岱穎 主編

題字｜李蕭錕

THE BEST TAIWANESE FOOD WRITING, 2017

2017 飲食文選——目錄

編選序

故事

雜論

市場

廚房

食處

果蔬

飲料

品味

回味

詩・小說

編選序

來自南機場的約定

吳岱穎

1.

車過和平醫院，原本十線道宛如開闊大河的中華路便岔成兩條。大的那條改了名字叫艋舺大道，上華翠橋跨新店溪奔板橋而去，接上的也還是大道。至於小的宛如街巷那條，則是中華路二段。說的是天大地大道大人亦大，原本的煌煌中華相比不了，也容納不下，一折一拐，就成了小道。

雖小道亦有可觀焉，或許更有歷史感一些，也更加親近日常生活一些。從這裡向前一直行到河濱，便是舊日日本人操兵練馬的馬場町。如今的青年公園一帶，往昔曾是機場，以其相對於北邊的松山機場，人們故稱這裡叫做南機場。政府遷臺以來，此地先為眷村，繼興國宅，而後凋敝破敗，人事產權錯綜複雜，迄今無法更新。但說南機場老，老不過大稻埕，若要說它破舊，衰敗的景觀裡卻自有其傳承，是一種無須緬懷的舊，時刻如常的新——這裡說的當然是吃的，畢竟是飲食文選的序對吧？

都說有臺灣人的地方就有夜市，在南機場這裡，艋舺重疊眷村，本省雙關外省，調和得滋味紛呈，兼容而並蓄。當天色暗下來的時候，你從中華路二段三〇七巷拐進來，覺得這巷子未免寬得過分簡直都是縣道了，但兩邊並排的臨停違停讓你明白這路還非得就這麼寬不可。與忠義國小相對的一側，鐵皮棚架上撐起一塊霓虹流麗的招牌，招牌上五個豔紅光燦的大字，讓你盤算並不甚大的胃納，今夜究竟該放進甚麼才好——曉迪的芋頭排骨酥湯油濃香滑，山內的雞腿皮肉Q彈特有嚼勁，還有上海生煎包、基隆甜不辣……或者轉進三〇九巷去吃秀昌的韭菜水餃（那辣油渣渣真是香極了讓你每次一舀就是一大匙），甚至不趕時間甘願排隊，也可以在阿男麻油雞的人龍尾端靜等光陰一小步一小步的遷變，然後那濃白有若大骨湯似的雞湯麻油米酒氣，也就這麼一點一滴的在你面前瀰漫開來……

呵，越夜越美麗的南機場，雖然不是北投溫泉鄉大氣華貴的酒家菜，也不是衡陽長沙官味十足的各色小館，但庶民生活的趣味，自在里巷街坊、攤車棚遮之間。這些原本浮雲聚散的人間情味，一朝靜定，數十年無所改易，也足以令人感慨了。

2.

若說南機場美麗的只有夜晚，卻也未盡其實。

我生性懶怠，事好拖沓，但偏又常焦躁急促，惶惶憂慮。就以上班這件事情來說，早些年剛剛搬到淡水的時候，總在計算如何混摸耍賴，才能在真要遲到以前出門。但是從淡水到臺北，其聯絡道路只有一條。中正東路看似不長，日日塞車，塞著塞著也就漫漫無盡了。種種算計，盡皆落空，只好乖乖早起，早早出門。

早些出門自有其好處，節省下來的時間，頂好用在吃食上。七點出頭，我便會在南機場，看邱丘虱目魚熾白的燈泡究竟點亮否，若榕樹下遮棚裡白光人影綽綽游移，就表示今日之始清鮮甘美，乃是一種吉兆。這時就得趕快找到位置坐下，老樣子點上三件套：皮加丸（魚皮湯加兩顆彈牙魚丸和一粒內含荸薺鮮脆無比的蝦丸）、清燙魚腸（大臺北難以覓得的珍品，務要在七時半以前點單否則極易向隅）、半碗肉燥飯加蛋。就這麼品啜含抿心神俱暖之時，往往焦桐老師也揀了位置坐下，寒暄一番各吃各的，也算是相忘於江湖。

但虱目魚並非日日都開，有時十天半月難得吃上一次，想念之餘，還得另謀營生。好在此地吃食眾多，移步換景，滿滿的也都是人。有人，就有了保證。有時我會在巷子底的林記點上一碗大腸豬血湯，感受那全由鮮肉燙煮出來的湯頭精華混融著炸過的豬油渣渣扁魚酥，如何穿喉入肚滋潤脾胃。也常常在隔巷的小攤車點碗虱目魚羹米粉加蛋，這鴨蛋滷在油汪汪的肉燥汁裡鹹香通透，泡在甜滑的羹湯中簡直畫龍點睛。或者時間不夠要外帶，便在第一條橫巷子頭的蔥油餅攤子上點個培根雙蛋九層塔，兩邊一折，半個香氣豐富滿盈的月亮，就這麼一層又一層的蝕損在我天狗一樣貪婪的齒牙下。花樣繁多，日日變換，我對於那些天天都在美而不美的連鎖早餐店點總匯三明治的人們，感到深深的悲哀。

3.

二〇一六年秋冬之交，又一個虱目魚老闆神隱的日子，我在陰暗淒涼的攤位前遇見了與我一樣悵惘的焦桐老師，各自埋怨幾句於事無補的諢話，遂走到三一一巷的阿順清粥坐下，隨意點了地瓜粥和幾樣小菜。在阿順吃粥配菜的感覺只有一個，就是它真便宜到令人髮指的地步，卻又明明可知的簡單沒搞怪，不像是已經來源無考的漢堡肉偏生還要摻和肉眼可見的「不明物質」，壓煎成薄薄一片滋味怪異仍然賣你十元。明知如此卻還是被動接受的臺灣人，不也挺可疑的嗎？

能做豆醬炒芋横的攤子，其實都不會太差。原因無他，就是這東西便宜卻費工，對於追求獲利有嚴重的妨礙。但對於愛吃的人來說，明明是菜梗卻有滿滿的芋頭香氣，爛煮入味之後仍有纖維感，與芋頭全是澱粉質的泥滑落差極大，這就變成了顛覆印象的小小驚喜。因此每到阿順，我第一個點的就是此物，這天也不例外。正當我毫不費力地咬嚼豆醬芋香綿滑軟爛的芋橫，配上一大口地瓜粥，焦桐老師便說話了。

兄弟登山原是各自努力，與長輩同桌卻不能如此。我常覺得自己如同張愛玲說的，在沒有人與人交接的場合，我充滿了生命的歡悅，一旦與人應答，我那想像中流利地不得了的待人接物應對進退之言詞，全都銹鈍卡卡轉動不靈，因此常陷入被動接受唯唯稱是的局面。這種毛病我常在學生身上看到，自以為教書多年，早練就了話人話鬼話連篇的唬人詐術，但看來事情並非如我想像。

老師說，這個年度飲食文選，我想交給你來主編，這件事情並不難，只要如此如此這般這般……

我一時唯唯諾諾，竟不知該如何應對，嘴裡的芋橫，突然也就沒有味道了。

4.

老師口中的不難，於我而言真是難上加難。它首先要求編者有穩定的生活型態與日常作息，不會因為一時情緒起伏自暴自棄，還得有品味好研究誠懇勤勉，堅定有恆不可懶鬼上身。這對於隨性、任性慣了的我，不啻天方夜譚。

所幸教書既久，手裡還有些師生之誼可以動用。我請就讀於臺大人類學系的尤尊毅同學幫我蒐集各雜誌期刊書面資料，自己則從網路媒體日日蒐羅彙整。差別是，尊毅得每個月跑圖書館翻閱影印，我只要在家中連線上網即可。為此，我十分感謝任我奴役的尊毅。

這一年來的蒐集與閱讀，慢慢讓我對於這一整年臺灣的飲食氛圍有了一些粗淺的看法。但由於我個人學識淺薄，不敢妄言，只好說說自己的選文標準。我覺得好的飲食文章，最重要的是要說得好吃，品得趣味，兼有知識性，在開拓讀者想像的味蕾地圖之外，最好能喚起某種通感。中庸說，人莫不飲食也，鮮能知味也。飲食文學的作者雖然非必須是美食家，但要識得食物的滋味、真味、情味，帶領讀者從文章中學習辨味、知味、品味，沒有一點嘴上功夫，是做不來的。

行文至此，這由焦桐老師交付於我的，來自南機場的約定，總算勉強完成。剩下的時間，就留待讀者品味賞鑑了。

故事

紅豆湯

洪雪芬

1979年生，清華大學動力機械系畢業。跟著月老的紅線定居三重，卻總是在迷宮般的巷弄裡迷路，作過最久的工作是家庭主婦，在家務與育兒的空隙寫字和作夢。曾獲林榮三文學獎。

情人離去一週後，生理期到來。空等的子宮把無用的卵子和充血的黏膜一起恨恨地排出體腔，似乎在埋怨一個月的預備都白費了。她按著隱隱作痛的下腹，把情人最後一箱留下的物品交給寄貨員，這幾年的感情也算白費了。

兩人初識的那段時光，情人會在她生理期時體貼地送來紅豆湯，棗紅色的湯汁沙沙的口感，一匙一匙熱呼呼又甜蜜蜜地喝下去，正在崩解血塊的體腔漸漸溫熱起來，是這樣的殷勤討好了她，情人送上一碗碗紅豆湯，敲開她的大門。

想起情人搬來和她一起住時，曾應她的要求煮過幾次紅豆湯。她走進廚房找到小半罐未煮的紅豆，一顆顆暗紅色的堅硬小豆子，搖晃起來在玻璃密封罐裡叮叮地響，毫不妥協地碰撞出聲音。

她看著這罐紅豆，突然想自己動手煮一鍋紅豆湯。不擅廚藝的她，上網搜尋紅豆湯的煮法，卻跳出了各種快速煮軟紅豆的訣竅，例如先把紅豆拿去冷凍，直接將豆子的結構破壞；名廚的偷吃步則是乾鍋炒熱紅豆再燜煮，據說能讓豆子的外皮保持完整，口感卻軟爛；更多的是各式價格不斐，保證可以把紅豆煮軟的燜燒鍋具廣告。人們已經失去慢火熬煮一鍋紅豆湯的心情了嗎？

情人曾對她說過：「好喝的紅豆湯不需要什麼訣竅，唯有耐心而已。」她一直覺得，煮一鍋紅豆湯，是一場有計畫的追求，紅豆湯可不是臨時想吃就吃得到的甜點，第一個標準步驟，必定要先將紅豆泡水。她想起每次看到情人在廚房的料理臺放著一盆浸水紅豆，沉在不鏽鋼鍋裡的豆子閃著亮晃晃的豔紅色，宣告隔天將會有一鍋甜蜜的紅豆湯，總讓她眼巴巴地起了相思。

度過相思的一夜，堅硬的紅豆稍稍心軟了點，趁勢加把火，把水都燒得沸騰起來，然後蓋上蓋子，熄火。紅豆就在鍋裡燜著殘留的熱情，稍微冷卻時再重新開火加熱，再度沸騰後熄火，如此反覆幾次，鐵石心腸的紅豆也變得柔軟綿密，最後再拌入大量的砂糖。她在一份食譜裡看到這樣的註記：「一定要確認紅豆都燜軟了才能加糖」。據說先給了甜頭的紅豆就再也煮不軟了。

她彷彿有些明白。

情人最後一次煮紅豆湯時，兩人之間的愛意已在無數次熱了又冷的相處中消磨殆盡，她心底有些堅硬的固執，而情人卻只想用甜言蜜語哄騙過去，在爭吵間許是忘了確認紅豆的心軟，那鍋加了糖卻又不夠綿軟的紅豆湯，最終也只能被丟棄。

原載於《自由時報》自由副刊，二〇一七年一月三日

羊

劉崇鳳

成大中文系畢業。患有寫字病，不愛文學獎，文常於報紙副刊和雜誌出沒，始終以生活經歷為線索，書寫是接近自己的唯一理由。著有《聽，故事如歌》、《活著的城——花蓮這些傢伙》、《我願成為山的侍者》、《回家種田》。旅居花東八年後，搬回高雄老家美濃，一邊寫作一邊務農，兼任自然引導員。

一

中醫師放下我的手，問：「妳怕吃羊肉嗎？」

我搖搖頭，不明所以地看著他。

中醫師說：「妳身體虛寒，可以吃一些羊肉，最好是溫體羊。」

我有些困惑，腦袋突然間轉不過來：「什麼是溫體羊？」

中醫師笑了，羊肉溫補，只是一旦冷凍，效果會打折扣。如果可以，現宰的溫體羊肉會更好。只是這樣的管道不多，當然，價格相對也比較高。

中醫師告知我哪裡可以買到溫

體羊肉，只是我並沒有很認真記下來。

二

這個夏天，我們划獨木舟到一座無人島上生活。炎熱的正午，我們用倒木、竹子和地布蓋了庇護所，在沙灘上睡午覺，睡醒，戴上面鏡呼吸管就下海游泳，幾個人相約海泳環島，海底有珊瑚森林，我們像大魚，被千百條小魚環繞。

我浮出海面換氣，看到阿泉蹲坐在滿是石蚵的礁岩上，看著我們。發生了什麼事？我仰頭瞇眼，看見山頂上的小巴，銳利的眼神如刀，數個人圍站在草地上。

我沒發現那幾乎是立時的，在這瞬間都收到了某個訊息，我說不上來，也看不到全貌，阿泉咚咚咚如山羊一般攀上山頂，消失不見。「想去參與嗎？」後頭的夥伴問。我逕自游向滿布石蚵的礁岩，一個起身上岸，隨著一股明確的身體動能，大步上攀，唯恐自己慢了一步。盡其所能爬上山頂，人群卻正好開始四散。

沒有人說任何一句話，神情在風中凝結，各自走下草坡，小巴高亢的古調響徹四方，古調蒼勁悲涼，在空氣中繚繞，如召集令。所有人，不管是否看見、不管知不知道，都不由自主隨歌聲的方向集中。我瞇起眼，遠方男人黝黑的臂膀上，扛著什麼？

歌聲遠揚，風吹風送，島上的生靈，包含青草、石頭、天空的飛鳥、海底的珊瑚……都接到了這個消息，海浪一波一波，送向更遠的地方。

一個生命已然離開。

三

山羊倒在地上，鮮血染紅白毛，脖子上頸動脈的切口清晰鮮明，身體動也不動。眾人圍坐，眼淚滴落，部分夥伴有困惑、有難解。

我蹲下身，羊的眼睛水亮水亮，生命似乎尚未逝去；我趴下，趴到與倒地的牠一樣的高度，用鼻子磨蹭牠的鼻子，蹭著蹭著，鮮血染上我的鼻尖，牠鼻尖溫溫的，只是沒有鼻息。我的手指伸向頸動脈切口，撫觸被切斷的大管，帶著柔韌的彈性，這就是大動脈啊……必須接受，即刻面對，如此近距離的死亡。

我想歌，卻歌不出來。周遭的人混雜著憤怒、悲傷和痛苦，我才驚覺我們原來耗費這麼多力氣迴避死亡。它明明白白擺在眼前，人們無法接受，只能在心底嘶啞開來：「為何而殺？」

男人們動作很快，迅速架起竹架，撿拾沙灘上的海廢繩就綁了起來，有人搬石頭、有人吹火苗。我們圍繞在羊身邊，共唱一首鄒族的祭靈曲，但眾人不願結束，反覆吟唱多時才安靜下來。

「謝謝你，對不起，請原諒我，我愛你。」四句真言，反覆反覆。

一個女孩蹲在礁岩上無可抑制地大哭，我走過去蹲在她身邊。她哭著哭著，猛然抬頭：「羊呢？」我們一轉身，羊頭已與羊身分離。

志願協助者圍著羊身，小巴和阿泉教大家如何剝皮，周全地處理好羊身的每個部位。小巴領著女孩的手，伸入羊體內掏拾，「好熱！」女孩驚叫。

是啊，我們從未真實領略過，生命的溫度。

我凝望那伸進去掏拾的手，肅穆慎重的神情和動作似曾相似……如助產師的手伸進產婦體內，要掏出難產的寶寶一樣……死亡如是，出生亦如是。死生之間原來如此相似，不過一線之隔。出生一瞬，便預告死亡終將到來；死亡之時，一併也產出重生的能量。

他們掏出羊的四個胃，胃袋好大，小心別撕扯到。小巴拉開了橫膈膜，將心肺等盡數取出——我沒想到我就這樣上了一堂身體課。那女孩是醫科的，她撿起羊的肺臟入鍋，喃喃念著這是左肺、這是右肺，你看右肺有三葉，左肺只有兩葉，因為心臟在左邊的關係。

「人類也是一樣嗎？」我問。

「嗯，人類也一樣。」女孩說。

羊身轉瞬之間被完美解剖，臟腑的溫熱柔軟告訴我，生之意義。「這就是溫體羊肉。」我告訴自己，冷靜且帶點戲謔。生命出其不意赤裸裸攤開在眼前，我才知道要付出這樣的代價。

中醫師，您說這是我需要的。中醫師啊，您囑咐我的時刻，並沒有說要承受這麼多。

上一次吃羊肉爐是什麼時候呢？那是與家人聚餐，媽媽說天氣冷，一家人特意開車到一家著名的羊肉店圍爐。我記得麻油混著九層塔的清香，記得羊肉店暖烘烘的氛圍，記得我們圍一個圓桌，勤快的妹妹敏捷涮著羊肉，快速起鍋，夾給爸爸和媽媽。媽提醒：「這湯很好，你們多喝點。」我們稀里呼嚕地喝下一碗又一碗。吃得臉都紅通通的，一家酣暢飽足。

但沒有人靠近羊的死亡，沒有人對生命的付出感到一絲震驚，沒有人想認識那隻羊，沒有人對源頭產生興趣。我們直接越過生命逝去以前的故事，也就，切斷了任何其他力量的湧生。

吃下肉的一刻，我對生死毫無覺知。

而今我們掏出羊的臟腑，顏色和觸感那麼鮮明，小巴宣布：「這是一隻健康的羊！」把羊腸羊胃置入大鍋，端到海邊細細清理。「腸子一定要洗乾淨，旁邊的脂肪要留著，那個很好吃……」有人提醒。我摸著腸道裡的顆粒，一點一點順著腸子推出，那是乾草結成的糞便。我想起自己奇爛無比的腸胃，一邊洗，一邊怔忡：羊用身體告訴我，何謂健康完整的消化系統。我想像著，若掏出自己的腸胃，那色澤與彈性會是如何？一定要洗到天荒地老吧……

女孩拾起薄薄一層膽囊，裡頭有膽汁。我們小心地把脂肪和腸子分離，區別大腸和小腸，我拉開腸子，一截拉成兩截，兩截化做三截，四截五截六截……拉啊拉啊，愈拉愈長，像永遠抽不完似的，腸子怎麼這麼長？

「人類也是這樣嗎？」我訝異於身體的設計，如此精密如此奧祕。

「嗯，人類也是這樣。」女孩說。

拉開胃袋，倒出大量乾草，抖落海水。腸胃洗淨後，海水混濁不堪，即便在夜裡，都能明晰地看見，被擾動的海。

我端著那一鍋，再度走向火堆，火光紅豔映照每個人的臉。生命交換生命，濃稠緊密得超乎我的想像。

四

火升得大，三角錐狀的竹架用海廢繩固定，架在火的上方。羊腸和羊肉串串掛在上頭，或丟進大鍋水煮。小巴全神貫注，一會兒蹲著整火、一會兒起身檢視肉排。

找一塊平整的木塊做盤子，羊的肝與心臟被支解成數小塊，放在上頭。阿泉彎腰呈上木盤，蹲在我們面前：「左邊是肝，右邊是心臟，中間是羊肉。」他低低說。因為背朝火光的關係，我看不清阿泉的臉，卻感覺到他的誠摯他的謙卑。小心翼翼拿取，說謝謝。想起方才他敘說追捕羊的過程，想起他微微顫抖的身體，身體也跟著微微顫抖。

羊的心肝在口中咀嚼，鮮嫩無比，百感交集。世界並沒有改變，只是我們甦醒了。一股情緒張力在體內流轉，我無法專心致志享受其美味，這與上一回圍爐吃羊肉的溫暖快意，有天壤之別。

你不得不重新思考你的每一餐飯，從何而來？無知確實比較輕鬆，如果寧可被世界蒙在鼓裡。

生命原來是這樣層層疊疊，與眾多生命交換而來。金錢可以買到的是那麼少，一點也不理所當然，夾雜恩賜與犧牲，這些逝去的，多渴望被理解、被承認與記憶。只是我的社會把這樣強烈的真實完美剪輯，我失去了該收受反應的一切，這當下才被深刻撞擊。

這隻羊告訴我，活著的力道。我才想起過去供養我生命的生命（雞鴨牛豬魚蝦蟹……），牠們是如何逝去的？在成為食物以前，我何曾為牠們歌頌過。

「妳身體虛，多吃一點。」分食者這樣對我說。

羊肉湯用海水調味，鹹鹹帶著鮮味，還有更多說不出口的味道。我想啃到只剩白骨，丁點不浪費，啃到後來卻開始反胃。我感到困惑，為什麼身體不要？中醫師說，這是我需要的溫體羊肉。勉強多啃幾口，發現再這樣下去一定會全數嘔出。放下碗，走到一旁，遠離密切交織的火光與人，獨自坐在大倒木上，仰望天空。墨藍色的星空好美，浩瀚深邃，將我包覆。前方就是大海。我深呼吸，大口呼吸，把自己交付給天空，一連吸氣吐氣了好幾口，聽見星星密語：「沒關係。」

反胃感慢慢消失。我偏頭想：身體承接不起的，是什麼？

我為何允許我們吃羊卻無法接受我們殺羊？這與相約吃羊肉爐、上超市買冷凍羊肉有什麼不同？有，差別在自己有沒有動手。差別在，你看著一個活蹦亂跳的生命在你眼前倒下，並且被支解。是，我們距離原始的荒野之道太遙遠，文明將我們保護良好，不知不覺就遺忘了太多。

當那些遺忘的一一回到體內，一次湧入全部，身體裡就出現海嘯，幾乎把自己淹沒。荒野依舊，卻難以稀釋真相，人類低頭絮語，評論與判斷，那些不殺與不能。你假裝平靜看待，身體卻無法再擔待。你只好承認，這與醫師的囑咐無關，身體如此誠實。

夜已深，還有人忙著剝皮膜、拉羊皮。儘管再想協助，也無法再多待一刻。我獨自走上石頭山，找個容身之處，拉起毯子，覆蓋身體。我躺在那裡，睜大眼睛，懇求星星和大海，照看我、守護我；懇求大石頭，賜予我古老安靜的力量。我像個老婆婆似地不停碎碎念，請求安寧、渴望好眠。

祂們默聲不動，我傾吐所有，被大地承接，然後沉沉睡去。

五

我沒再去找中醫師。關於溫體羊肉，我有了自己的故事；關於虛寒不濟的身體，也有了自己的答案。

我看見生命交相哺養，犧牲與逝去的，慢慢合成一個圓——我們都在其中。那麼，若是哪一天我被需要了，我是否也願意如是奉獻我的全部？

「人類也是這樣嗎？」

羊的氣味留在手心上，久久不散。牠的身體道盡了牠的一生，牠用全部的生命教導我——醒覺活著的美麗。見證逝去，好好去愛，無愧收下，也無條件給出去。後來我才明白，每一天，每一餐，這故事無時不刻在發生。

原載於《自由時報》自由副刊，二〇一七年一月四日

一個人的除夕

朱國珍

清華大學畢業，東華大學英美文學研究所藝術碩士。史無前例連續兩年跨文類林榮三文學獎散文首獎（2016）、新詩首獎（2015）、拍臺北電影劇本獎首獎（2013）、《亞洲週刊》十大華文小說。現任大學講師，廣播節目主持人。曾任中華視電視公司新聞主播、製作人，《莒光園地》、《每日一辭》、《詩歌童唱》、《小小英雄榜》等電視節目主持人。著作：《慾望道場》、《半個媽媽，半個女兒》、《離奇料理》、《中央社區》、《三天》、《夜夜要喝長島冰茶的女人》、《貓語錄》等。主編《2016年飲食文選》。

人生首次獨自過除夕，是在德國。那是一九九四年的小年夜深夜，飛往法蘭克福的班機，中轉曼谷停留二十四小時，隔天飛抵德國，剛好是除夕夜。

機上的組員都不熟，沒人吆喝一起吃飯，心想這趟過年班，應該是留在房間裡看電視了。飛行任務結束，在飯店辦好住房手續，剛走進房間，還在盤算皮包裡的蘇打餅乾能撐多久？就接到前艙資深大姐打來的電話，她說天冷，外面都是風雪，機長恐怕大家沒飯吃，向餐廳訂了德國豬腳，送給組員們當除夕夜晚餐，有兩種口味，紅燒或水煮，要選哪一種？

「有沒有烤的？臺北餐廳在賣的那一種。」我怯生生地問大姐，雖然明白這樣有點不禮貌。但是那兩種料理方式，聽起來只是顏色不一樣。

「Captain說，這間餐廳只有這兩種料理，紅燒就是一般的紅燒，水煮大概就是清水煮。」大姐很有耐心地回答我。

好的，那麼我選紅燒，謝謝姐。

「大約一個小時後送到，別睡著，送過來會按門鈴。」

聽這說話的修辭，還是沒有要揪眾圍爐的意思。縱使我心裡腦海裡始終惦記除夕夜眾人歡樂相聚的畫面，但我估計，最終，應該是每個人各自在房間裡，吃自己的豬腳過年。

豬腳比預定的時間還早送到，門鈴響起，打開房門，大姐和大哥站在門外發豬腳，只說了一句：「13108，紅燒。」

我接過大姐手上的白色塑膠袋，看起來分量很大，提起來有點沉，微笑：「謝謝姐，謝謝大哥，新年快樂」。兩位資深空服員也微笑點頭，繼續走向下一個房間。

從小到大，我沒有離開家這麼遠，更沒有一個人度過農曆新年，在這個民俗節慶家戶團圓的日子，我獨自在距離家鄉將近一萬公里的歐洲大陸，思念父親，思念愛貓伊伊，甚至思念起路邊攤米粉湯、蚵仔麵線。從事空服員這份職業，最大的收穫，就是鍛鍊獨立的個性，腳步行旅，輻射世界經緯度，更要練習心境開闊，要不然就枉費這趟人生。因此，第一次在異鄉過年，還能有厚重的紅燒德國豬腳果腹，都該心存感恩。於是我恭敬地打開塑膠袋，撥開層層鋁箔紙，終於見到紅燒德國豬腳本尊，它端置在免洗餐具鋁箔圓盤中央，巨大到超越我的想像，這隻豬生前肯定是豬界巨無霸，它連一隻腳都大過我的頭，它的局部犧牲足供十人飽食，功德無量。

第一次在德國吃德國豬腳，我不禁認真端詳其樣貌，德國人的紅燒，跟咱臺灣的紅燒方式顯然有著很嚴重的文化差異，這隻德國豬腳，顏色完全不像紅燒，應該是同樣用沸水煮過然後不小心灑了一些番茄醬，溼濡晃盪，我甚至可以看到它的毛細孔，因為浸泡在液體裡太久而無限鬆弛擴張，這隻，據說是「道地的」紅燒德國豬腳，已經昇華到非食物的境界，它看起來，就像是掉進洗衣機裡跟褪色的紅衣服一起洗過再撈起來的，任何蛋白質。

除夕夜裡，法蘭克福零下三度，籠罩於雪地，窗外皚皚寂靜。我一個人，用飯店提供的攪拌咖啡湯匙，挖著紅燒德國豬腳，一口一口送進腸胃，遙想家人，默禱著：爸爸你放心，我長大了會照顧自己，再苦，都不會讓自己餓著。

後來從事新聞工作，全年無休，二十四小時待命，除夕夜也要製播現場新聞，下班回家團圓，早已過晚餐時間。父親生活規律，固定五點半用餐，我從電視臺收工回到家，已是夜晚近九點，父親等我安返家門，桌上已擺設好剛剛加溫的食物，我默默吃著父親為我準備的年夜飯，視線望著他正在看的電視，那時還允許央視落地，透過字正腔圓的聲音，彷彿聯繫著遙遠的鄉情。我和父親在靜默中，度過慎終追遠的此刻，又是一年過去了，過年的吉祥話，總愛說聲「除舊布新」，然而心裡頭擱著的人影，卻是一輩子也揮不去。

年過半百，也開始面對一個人的除夕夜，此時才明白父親當年為何總要用電視佐餐，螢幕裡身影晃動，人聲嘈雜，熱熱鬧鬧，聽見看見的片刻，彷彿有了家人，他們住在螢幕裡的小房間，我們住在有屋頂的大房間。

離開新聞工作之後，我拒絕有線電視已經十五年，感覺自己也沒笨到哪裡去，地球依然自轉公轉，人們依舊來來去去，生命是樹的年輪，各自獨立成長，人與樹的公約數，同樣是一年比一年多一歲。

安然面對孤獨的命運，我開始規畫除夕行程。首先，愛自己就要睡到自然醒，這天沒有好媳婦壓力，無需擔心返鄉後九族親友詢問工作婚姻事業學業那些平常就傷透腦筋的事，不買菜不做菜也沒關係，到了這個年紀，已經有勇氣振振有詞回應任何關心，我獨身，愛自己，享受自由自在的生活，除夕就像平常日，一樣吃喝拉撒寫作閱讀，只是比較不好意思隨便發牢騷打擾閨蜜。

百貨公司生鮮超市各大賣場，在這天多半營業到傍晚五點，若是臨時發現還有什麼家庭用品需要更新，「宜家家居」提供美好的實踐與想像，趕緊去買個彩色花朵浴簾，搭配綠色腳踏墊，布置浴室成為小花園。再揮手召喚乘客稀少的公車，遊覽城市景致，這一天保證不塞車，任何目的地皆悠遊抵達，隨便逛逛市集，西邊有城中、三水市場；東邊有五分埔。五分埔的趣味在於品項繁複價格又便宜，而且多是青少年喜歡的款式，我這半百老嫗光是眼看流行新趨勢，體感大有收穫，心態跟著年輕。

如果來得及，建國花市最後一刻大拍賣，真正拚經濟。我常買花，最喜歡雅致耐放的香水百合，此等多年生草本球根植物，每逢過年必定身價飆漲，價格翻高數倍直登蘇富比拍賣會，前幾年大約是風水老師建議，過年應擺設「黃金百合」招財進寶，於是春節期間，一束黃金百合的價格可比吃一頓米其林餐宴，一千二百元起跳，但見花市內外，人手好幾株，想是過年應景，討個金銀吉祥，祈求富貴臨門，這時候沒有不景氣，只有努力不小氣。我天生反骨，最不喜歡盲從，捨棄平日鍾愛的香水百合，買束飽滿綻放的紅玫瑰、鬱金香、桔梗，一束兩百元，一樣彩色繽紛過新年。

若是有宗教信仰，龍山寺香火鼎盛，清晨六點至深夜十點敞開大門，歡迎信眾發願祈福。現代天主教堂亦是如此，從白天到黑夜，不關門，隨時可以進去向上帝禱告。平日彌撒皆照常，除夕夜下午六點，向神父領取聖體加持能量，內心充足飽滿，我有天上的父親陪伴我，度過這一夜，大年初一早上十點感恩祭，行程好豐富。

入夜回到家，打開收音機，調頻至臺北國際社區廣播電臺（ICRT），聽DJ用英文說話，語境的差異性，立刻感受與華人文化大不同的除夕夜情調，想像力更豐富一點，可以假裝自己在國外度假。而且這天晚上ＤＪ特別體貼，絕對聽不到「恭喜恭喜恭喜你啊」這種腦洞大開的音樂，選歌多是輕快的抒情流行或電子樂曲，輕鬆愉快，若把燈光轉暗，就很有沙龍夜店效果，此時再來一杯紅酒，老年人很容易滿足。

國發會二〇一六年統計報告，直指二〇一七年臺灣老年人口數將超過幼年人口；二〇六〇之後，老人將是幼年人的四倍，老化指數預估高達四〇一．五％。高齡化，少子化，不婚，蝸居等社會現象持續發燒，日本在兩千年出現「孤食老人」一詞，已預言四代同堂圍爐饗宴將成歷史古蹟，未來，還是誠實面對獨食的課題吧！日本研究報告顯示，一個人用餐感到孤獨而打開電視，或為了掩飾孤獨感而增加飲酒量，都會影響身體健康，已出現鼓勵煮飯燒菜的文獻，預防失智，強化生活品質。

所以，即使一個人，也要愛自己，就從認真吃飯做起。

觀察趨勢風向球，商人的眼光最犀利，現在超市買牛排，多規劃有適合一人份的包裝，美國空運無骨牛小排、霜降翼板，部位都不錯，一個保麗龍盒，分裝二至三塊，平均價格一百六十元，恰恰好飽足一餐，比上館子划算許多。煎牛排的過程，從冷鍋冷油開始，儼然一番心路歷程。想想五十年歲月，那件事不是從無到有？每次到達燃點，迸出油花，熟了，吃了，經過五臟六腑消化融合，總有些許成為屎糞，彷彿人生總會遇到不完美的結局，就像牛排的下場。不過，我們只要記住烹飪時滿懷期待，用心經營，當火候與時間剛好，料理出令人垂涎的完美牛排，焦鮮均勻，六分熟，入口即化，香嫩多汁，這樣就好。人生就是一場咀嚼的過程，美其名饗宴，留住最美味的那一刻就好。

３Ｃ時代來臨，人人滑手機，重度依賴網路，Facebook公司二〇一六年的調查顯示，在臺灣，每月活躍用戶數有一千八百萬人，每天用手機連線的用戶數達一千兩百萬人。此時，我必須說說肺腑之言，一年三百六十五天，天天可以上網討拍，只有除夕這一天，千晚不要打開臉書或LINE或任何社群網頁，這是單身老嫗求生術最重要的第一招，保護感情不再受傷害。平日得閒，懶得出門，遊歷網路太虛幻境，潛水觀望眾生浮沉吃喝玩樂炫富放閃曬恩愛也就罷了，除夕夜這一天，給自己保留尊嚴底限，別去跟五濁惡世湊熱鬧，瞧那臉書ＩＧ加上LINE都在秀熱鬧，歡聚除夕夜大餐，絕對沒有人會在這時候力抗群魔高調孤獨的樂趣。

晉朝文人陸機，旅遊行經洛道，作詩云：「佇立望故鄉，顧影淒自憐」，怎麼看都還是愛自己，愛到連影子都要疼惜。詩仙李白更狂：「舉杯邀明月，對影成三人」，這妄想症也夠溫馨，原本寂然孤身，一下子熱鬧成三口。所以，親愛的別無聊去關心那些事不干己的別人家團圓飯，現在有音樂，有剛煎好的牛小排，一杯美酒，吃飽喝足，拿出前一天租借好的電影光碟，記住選片有學問，這光景，千萬別去附庸風雅看什麼金獎劇情片折磨自己，最好是一部賣座上億，飛車追逐，英雄永遠不死的娛樂佳作。打打殺殺之間，腦細胞來不及惆悵，瞬間四周響起鞭炮聲，子時已到，萬象更新，螢幕英雄擊敗所有敵人，傷痕累累依舊勇敢活下去。無論是片商為了籌拍續集或是大作功德勵志人群，老嫗年過半百，沒時間憂鬱，想著明天太陽依舊升起，嗯！不死英雄，會是日出後五湖四海交新朋友的好話題。

原載於《自由時報》自由副刊，二〇一七年二月十九日

一顆鹹蛋

陳克華

1961年生於臺灣花蓮，臺北醫學院畢業，美國哈佛醫學院博士後研究員。曾參與「北極星詩社」，並曾任《現代詩》主編。榮總眼科主治醫師；陽明大學、輔仁大學、臺北醫學大學副教授。曾獲中國時報新詩獎、聯合報文學獎詩獎、全國學生文學獎、金鼎獎最佳歌詞獎、中國時報青年百傑獎、陽光詩獎、中國新詩學會「年度傑出詩人獎」、文薈獎等獎項。文字出版有詩集、小說及散文集等近四十冊，有聲出版則有《凝視（陳克華詩歌吟唱專輯）》（巨禮文化），近年更從事視覺藝術創作，舉辦多次展覽並獲獎，並有日文、德文版詩集出版。

現在回想起來，媽媽的異常，竟是從那一顆鹹蛋開始的。

五年前首次聽媽媽說到外婆會做鹹鴨蛋，還覺得滿新鮮的。日據時代，外婆常常得徒步穿過花蓮市區，到美崙山上挖紅土——鹹蛋的製作得用特殊的紅土包覆？自小五穀不分四體不勤的我，聽得一頭霧水。

而外婆第一次出現在我的記憶裡，便已經很老了，只記得她長住在小舅家享清福，從不記得任何她的鹹蛋相關事蹟。

「這樣做出來的鹹鴨蛋蛋黃才會香，現在用鹽水泡的是死鹹。」媽媽說。

也曾在假日騎腳踏車上美崙山亂逛時，特別留意了一下各處裸出的土壤，並未發現任何一處有異常的顏色。

「可惜那時候年紀小，不曉得和你外婆學習，現在也沒有人懂得這麼做了，紅土更不知道去哪裡挖。」媽媽說。

之後又聽媽媽連續提起過幾次。

幾乎是同樣的內容，同樣的句子，同樣的感歎。尤其是在全家一同出遊的時候。她似乎完全忘了幾天前甚至是昨天才重複對同樣的聽眾說過同樣鹹蛋的事。

之後媽媽開始分不清夜晚白天，煮飯忘了熄火，甚至忘了做了幾道菜，待全家吃完飯，才又驚慌愧疚地從廚房裡端出一道菜來。

之後媽媽愈發少活動，經常是眼盯著電視，直到睡著。

之後媽媽偶爾會漫遊在左鄰右舍，流連忘返，不肯回家。

之後我才驚覺家裡幾乎已經成為舊貨市場，媽媽不知何時起已經不再丟棄任何物品，所有用得著用不著的東西全到處堆著，上下疊著，四處塞著，阻礙著光線，招著灰塵。冰箱打開裡頭黑壓壓地擠成一片，全是塑膠袋包起來的不知放了多久的食物。

之後才發現媽媽的個性變得愈發固執和火爆，家中任何大小事務都堅持己見，貫徹到底。包括堅持不看醫生，不進醫院。

直到有一夜大小便失禁叫不醒。

醫師診斷是老年失智，而這一夜的急轉直下是中風。

之後的家於我便不復是舒適柔和的，安全永久的了。老，和病，和死亡的陰影，突然從遙遠不可見的地平線，罩向了父母闃靜清冷的臥房。

本來失智已經消失了近期記憶，由於中風的位置在左腦語言區，從此媽媽又失去了大部分的詞彙和句子。語言復健的過程漫長而緩慢。

她不再提起任何有關外婆做鹹蛋的事。

而我依然偶爾會在假日裡騎上家裡那輛舊腳踏車，去到美崙山上亂逛，在每個熟悉或不熟悉的角落停一停，看看地上被翻開的土壤。

原載於《自由時報》自由副刊，二〇一七年六月二十一日

橋下的牡蠣

楊明

現於香港珠海學院中文系教授文藝創作，曾任職臺灣傳媒界多年，出版散文集《酸甜江南》、《路過的味道》、《城市邊上小生活》，小說集《別人的愛情怎麼開始》、《從今往後》、《夢著醒著》、《海邊的咖啡店》等四十餘種。

泉州盛產牡蠣，中午我們在小店裡吃泉州鹹飯，便以曬乾的牡蠣提鮮，搭配五花肉、鹹魚、蔥、香菇、乾蝦米等炒香後加入浸泡好的米，再添適量醬油和鹽煮成鹹飯，煮熟後淋入紅蔥油，撒上炸過的花生米與香蔥末，吃時搭配甜辣醬。煮飯時可添入胡蘿蔔、高麗菜、南瓜和芋頭等蔬菜，既好看也營養。以前在臺南也吃過鹹飯，當時卻不覺得美味，我想不是泉州做得比臺南好，其實風味近似，臺南傳統滋味本就來自泉州，而是鹹飯更適合有些年紀的食客，年輕人好新奇，不易在如此家常平凡的料理中吃出真滋味。

我們以醋肉佐鹹飯，再搭配一碟菜脯蛋，醋肉在泉州街頭時時可見，顧名思義是醋醃過的豬肉，選的是里脊肉才嫩，醃好後沾粉油炸。在泉州，不管是餐廳或街邊的麵線糊店都吃得到，聽說一般人在家中也常自己動手做。前一晚，我們在路邊買了一袋醋肉當零食，老闆邊炸邊和我們說，他的醋肉和別家不同，炸時不沾粉，雖然滋味不見得更好，但減少了附著的油脂，也算是一種改良吧。

泉州牡蠣有名我本來就知道，所以小吃中常見牡蠣，但是初聞泉州築橋時在橋墩養牡蠣來加固時，一方面覺得特別，一方面也讚嘆其巧思。傳說總伴隨著人煙流淌，和小時候聽的那些在很久很久以前開始的故事一樣，泉州也有許多古老傳說，故事裡一處渡口水深浪急，因為有水怪在這興風作浪，過往舟船有不少不敵風浪沉埋海底，而這些水怪是當年真武大帝得道成仙時，掏出腹中腸肚拋入洛陽江中，腸肚變成了龜精、蛇怪。一日，渡船駛近江心，忽然龜蛇兩怪浮出水面，頓時掀起風浪，渡船即將被浪潮吞噬，突然空中傳來呼喊：「蔡大人過江，休得無禮！」龜蛇聞聲慌忙遁逃，霎時風平浪靜。船上的人不知誰是蔡大人，感到非常奇怪，船上一位丈夫姓蔡的孕婦默不作聲，心中卻暗想難道是腹中孩兒未來將有一番作為？因此許願：將來孩子如能成器，定要他在江上修建一座大橋。那位孕婦後來生下的孩子就是蔡襄，而蔡襄也果真完成了母親的囑咐。

聽聞此故事時，想起以前看過的一部電影，重要的人物與重大的事件都有上天安排，萬一有與其後歷史相關的關鍵點出現改變，好比因為一杯咖啡灑了，延誤了行程沒遇到該遇到的人，又或者錯過了該遇到的事，命運局的人便會出來修改，他們是隱形的，一般人看不見，所以不小心潑灑的咖啡可能是阻止你搭上這班車，因為前方的意外將改寫歷史。就如蔡襄的誕生對於泉州的交通、對於中國的書法藝術都有貢獻，因此蔡襄的母親乘坐的船不能有事。

洛陽潮聲是泉州十景之一，遊客佇立橋上觀賞「潮來直湧千尋雪，日落斜橫百丈虹」，大約很少想起牡蠣對於這一座橋的貢獻，泉州洛陽橋的靜謐也更耐人尋味了。

原載於《中華日報》副刊，二〇一七年七月三十日

我的美食基因的上游

王浩一

臺南城市作家、文史工作者、生活考古學者、輕歷史論述者。臺南政府珍貴老樹保護委員、文化創意產業發展諮詢委員。三少四壯集、《美印台南》專欄作家。高雄醫學大學講師。曾以《浩克慢遊》獲得2017金鐘獎生活品味節目主持人。

著有：《慢食府城》（心靈工坊出版），時報開卷2007年度美好生活書獎；《當老樹在説話：那一年，他們在台南種下的樹》（2014年3月，有鹿出版）；《著時：南方、美時、美食》（2015年1月，有鹿出版）；《小吃研究所：帶著筷子來府城上課》（2015年10月，有鹿出版）；《旅食小鎮：帶雙筷子，在台灣漫行慢食》（2016年10月，有鹿出版）；《英雄守弱》（2018年1月，有鹿出版）。

去年，公視旅遊節目《浩克慢遊》計畫前往大稻埕、北投，這兩處是老臺北風華之地，一個是賺錢的地方，一個是花錢的地方。節目在北投時，會走過銀光巷弄，領略早年的窄巷生活，也會前往北投公園、溫泉博物館……最期待的是，我們要去體驗「紙醉金迷」酒家文化，啖酒家菜、唱那卡西。製作單位知道我「好吃也能吃」，要我先開出當天的「預期菜單」。

做了點功課，我假公濟私列出了滿滿清單。關於「那個年代的酒家菜」我未曾親炙過，但是江湖傳言中的「魷魚螺肉蒜」一定要有的。節目錄影中，桌上的美食果然有此湯食佳肴。第一匙入口，湯味靈鮮醇腴之間，有著似曾相識的感覺，來不及探索，忙著眼前錄影的忙碌，這一次的美味記憶就模糊了。

三個月前，一個假日晚上拜訪了鄰居的新宅，主人準備了一些下酒菜，豐盛中有迎客熱情。其中一道魷魚螺肉蒜，當鮮好湯味甫入口，那種若有若無的記憶悠悠醒來。一面大快朵頤，一面也尋思著想起「這是我童年時，母親宴請客人的拿手菜啊！」……想起來了。

童年時，因為母親燒得一桌佳肴好菜，加上父親好客，家裡屢屢有父親的同仁與朋友圍繞一桌，杯酒盡歡。我的父親任職竹山國小，他是學校裡受歡迎的老師，總有一些單身老師偶到家裡蹭飯，對母親而言雖是困擾，但她總能信手拈來變出一些我們平日沒吃過、沒見過的菜色。年紀還小的我，不知這樣的宴客會造成經濟負擔，但我總喜歡待在廚房當個小幫手，一方面也好奇母親廚藝的百變神奇。

我從來沒有思考過，一位出生於竹山小鎮郊外村落的「非世家名門」的母親，她的廚藝從何而來？為何她有理解美食中五味平衡的非凡技巧？

魷魚螺肉蒜的餘味中，開始溯源我的童年美食。記得五年前，我與劉克襄參加了公視《人間相對論》。節目中主要的哏，是劉克襄跟我介紹「他的臺中」，節目下段，輪到我跟他介紹「我的臺南」。因為我喜歡舊建築與美食，錄影當天走了一趟「臺中第二市場」，看看日治時期留下來的市場建築。

市場外的一處窄巷口，有一攤「日本饅頭」，一九四九年創立，劉克襄認真地介紹眼前的這爿老攤，現做現賣，紅豆餡料裹上加了蛋的麵衣，清油小炸，當外皮酥黃微焦，外觀膨圓，即可食用。甜綿軟糯的豆香，略略酥脆外皮的口感，一口兩口，我馬上有了念頭「這個，我小時候常吃」。也是童年，下午時光母親總會手做一些小點心，油炸紅豆饅頭的做法，我依稀記得所有工序，只是不知它稱作「日本饅頭」。

我不是美食家，因為寫作的關係，自我介紹裡總說明著：我是美食文化的考古工作者「食記家」。爬梳「日本饅頭」在臺灣，是因為日治時期這種麵食甜點，從九州引進，在臺中州流行。至於日本有這頗受歡迎的油炸紅豆饅頭，那又是南宋時期，從江南引進日本，百年後轉變口味，成了僧人美食。探索食史，我有治學的能力，只是我忘了要探尋自己美食基因：「為何這個日本饅頭會出現在我童年的廚房？」那天，在臺中老巷一口咬下，立刻浮現的記憶是「我吃過！小時候吃過！」「我喜歡，好懷念啊！」

品食了鄰居魷魚螺肉蒜的第二天，我與在臺北的母親通了電話。母親年事已高，新的事物老是忘記，可是「回憶」還不是問題。我問她當年怎麼會煮這道美食？味道記憶太神奇了，童年家中宴客時，客人總把這碗吃得精光，我們兄弟毫無機會品食菜尾，但是母親都會先留存一些讓我們解饞。母子叨叨絮絮談著這件事，她想起來了，她說總喜歡在湯裡多加了冬筍薄片，文火燉煮兩個小時，讓湯頭增加鮮筍味。憶起冬筍的爽脆，螺肉的鮮韌咀嚼感，蒜苗切段下鍋的火候……她說得神采飛揚。

我問，你怎麼會煮這道菜？跟誰學的？怎麼可以煮得比北投的酒家菜更精進？母親的答案是「我的母親！」哦，我的外婆！除了魷魚螺肉蒜，包含我吃過筍乾炆客家大封、日本饅頭、綁肉粽鹼粽、炊製碗粿、老米捲仔粿等等都是從外婆的廚房學來的。我對外婆印象僅止於慈祥！也記得她會釀製葡萄酒，我的喝酒人生是她啟蒙的，酒量是她訓練出來的，但少了她與美食這一塊印象。

於是，我開始拼湊外婆的人生與美食。

外婆林幼梅，生於日治時期初年，臺中州的大里林家，與霧峰林家是同源，都是那個年代赫赫豪門。關於霧峰林家的故事，那是在乾隆時期的林爽文事件後，一支血脈脫離了大里林家，在霧峰開枝散葉，最終成臺灣五大家族之一，與板橋林家、基隆顏家、鹿港辜家、高雄陳家齊名。我外婆的大里林家雖不及於霧峰林家，但也算是家大業大，大家庭中聘有西席老師來教學授課，每天的三餐更是有大量的廚娘助手，當然田地多佃農眾，豐衣足食自不在話下。

童年喪父的外婆，依附在大家族中自然衣食無缺。她是同輩的堂兄妹中，年紀最長者，受到伯叔輩的疼愛，更是祖母的掌上明珠。可是她不喜歡讀書，終日鑽營在家族中的大廚房裡，與伯母、叔母、專業廚子們廝混，學得一身好廚藝。林家的家規是每個月伙食由大房、二房、三房……依序輪流負責。外婆十五歲時已經取代她母親擔任當月的「二房行政主廚」，執行大家族餐食的酸甜苦辣鹹，直到由叔父做主，「把她嫁給西屯的有錢人家」為止。

她的婚姻是悲慘人生。所嫁的廖家少爺原來已經有一位祕密情人，媒妁之言、父母之命，終究這段勉強的傳統婚姻，是不幸與不堪。四年後，她被埋在鼓裡的狀況下，「被離婚」了。那個舊年代女子是弱勢的，離了婚的女人更是無依無怙，她堅持不回娘家，自己在外頭打工養活自己。直到有人介紹也是失婚的熟男，相親時，媒人欺瞞這位男人僅僅長了她六歲（事實上是大了十六歲），同時輕描淡寫了他曾在臺中州日本監獄服刑，因為是「思想犯」被關了九年的過程……

不管怎麼樣，一位失婚女人和一位抗日分子結婚了，他們就是我的外婆與外公。婚後，雙雙到了竹山鎮一處叫作「延平」的偏遠地方落戶，展開了彼此相依的新生命旅程。為了謀生，我的外婆開始在巷口擺攤賣小吃，販賣她年輕時的美食記憶與技藝……

這幾年來，我寫了一些美食書籍，對於小吃略有心得，所以「很專業地」問了母親，外婆那個時候都賣了些什麼？這些東西都怎麼料理？不僅好奇，我也興趣滿滿想要追溯這位生長於富裕家族的「超級廚娘」，她的日治時期美食有「臺灣食史」的蛛絲馬跡。

賣包肉餡的圓仔湯！這個美食我知道，去年在沙鹿小鎮文昌街，創建於一九四三年的肉圓仔湯老店吃過，與我童年時母親所煮的口味相似。也賣豆腐湯，那是大骨湯頭裡有幾塊三角形嫩豆腐，佐些芹菜丁子。這個古早味豆腐湯，在竹山媽祖廟口肉圓老店仍吃得到。

紅豆饅頭、客家味的碗粿（顏色白皙，上頭撒有蘿蔔乾碎，偶有粒狀的香菇。最後淋上醬油即可食用）、老米捲仔粿（這個古老美食，竹山街上還可以買得到）、燒肉粽……後來外婆開始雇用長工磨製板豆腐，在家販售。外公因為獄友甚多交遊廣闊，在彰化取得當年少有的葡萄樹苗，便在住屋空地開闢了葡萄園。葡萄成熟時，外婆自己肩挑到五公里外的竹山街頭擺攤，她也釀製了一甕甕的甜味葡萄酒販售……這一段過往，當時是小學三年級的我印象深刻：外婆總瞞著母親鼓勵我喝酒。

母親的童年記憶裡，外公常邀朋友在家裡吃飯，這時外婆隱藏的「美食高手」身分便現身，煎炒煮炸，母親看著，也學著。到了我的童年，看過年輕的母親烹煮著魷魚螺肉蒜，畫面已經褪色，可是靈美的滋味，卻仍然鮮活。

原載於《聯合報》聯合副刊，二〇一七年九月八日

雜論

厭世求生自白

江鵝

1975年生於臺南。輔仁大學德文系畢業。曾經是上班族，現在是貓飼主、淡水居民、自由譯者、專欄作家，著有《高跟鞋與蘑菇頭》與《俗女養成記》。臉書粉絲頁：「可對人言的二三事」。

其實那種「吃一口美食感到無比幸福」的心情，我很少有過。給我取名的算命師說我命帶食神，我在家跟著阿嬤，出社會跟著各個雇主，果真吃喝過一點好東西。好東西吃進嘴裡的確深感慶幸，需要的話我也能配合現場氣氛全本演出「很順口，不會膩，在舌尖嚐到幸福的滋味」，但是真要說美味能夠製造幸福感，我始終不太能夠把兩回事畫上等號。我的幸福水平線並不全然與味蕾的福祉連動，即使是滋味欠佳的隔餐便當，也不能減損我的心情，這大概是我可以長年吃素，絲毫不覺得損失的原因之一。我很少提起這件事，因為不相信別人可以理解，有時候在廣播裡電視上見聞到饕客對於美食的無上熱情，特別在暗中感到寂寞。

小時候姑姑帶我到舅公家買鞋，舅公的鞋鋪在菜市場裡，一個極其簡陋的鋪位，勉強用木板隔出上方夾層，一家幾口跟堆上天花板的鞋盒擠在一起生活，要睡覺的時候得要猴子似地攀上去，我好事跟著爬過一次，果然撞垮幾落鞋盒，但生存空間拮据的舅公一家從來對我慈藹和悅，我很喜歡他們。妗婆好靜愛貓，時常備著貓飯，任市場裡的貓來去飲食，那天姑姑牽著我走進市場，遠遠看見妗婆的女兒從城裡回來，正在鋪前招呼小貓吃飯，姑姑欠身對我說，前面那個就是妗婆的女兒，在學校教書的，跟妗婆一樣都是怪人，不愛跟人講話，養一堆貓。我配合著笑了兩聲，在心裡記住這個定義，提醒自己不要成為這樣的，連自家親戚都要加以指點的怪人。

所以我是先試著做了熱愛社交的一般眾人，摸熟了主流的模式，卻在半路上覺得事情不太對勁，才一步一步離群索途，既無奈又自願地，走上如今這個容易招人關切的、無夫無子的、拙於交際的、只對貓笑的、回家不看電視的、連吃飯都難以隨眾的人生狀態，而且不改其志。近年流行厭世眼，用刻薄的黑色幽默戳破各種困頓荒謬的人生謊言，這個提倡積極功利團結拼經濟的社會，終究走到了這一步，不得不檢討偽善的面目，反省曾經有過的虧待，讓我忍不住要老生拂鬚式地哀鳴三聲，臺灣終於看得見，群體之下存在著多少各種委屈喘息著的個人了嗎？

關於厭世，我算得上資深業內人士了吧，業障的業。厭世原本為的不是求死，是因為想活，是因為領悟到身在人群立成孤魂，厭離才有活路。這個社會對於人生的固有想像，沒有太大的彈性。好比吃素這回事，我說自己吃素不覺得損失，那是說我告別了曾經熱愛的滷肉飯與炸雞腿，並不感到遺憾，但是遇到隨意打發素食餐的廚房，我是吃得出來自己蒙受什麼虧待的，以付了同樣飯錢的立場來說，而且是經常。大多數的人，像指著怪人要我留意的姑姑一樣，難以想像為什麼有人要特立獨行，平添自己的阻礙和他人的錯愕在這個愛吃懂吃才是格調的世界裡，既然有人堅持不吃肉，那是沒有要好好生活的打算了吧！既然如此，隨便餵點東西就可以了，畢竟你吃得不好不是眾人的問題，是你選擇吃素所帶來的下場。

阿嬤曾經勸我別吃素，因為吃素會歹命，我逐漸能明白這個說法。為了吃到一份待遇公平的素食餐，我經常需要特別去拜託或提醒廚房，現有的材料可以怎麼配怎麼煮，如果和大家一起翹腿閒聊等上菜的話，事情很容易有出乎意料的發展，不少廚師們明明平日深諳火候與食材的關係，但是一聽到素食，想到不蔥不蒜不肉，就會忽然好像廢了武功，在自己的專業上端出離譜的成果來。然而他們不是沒有能力做，只是從來沒有關心過習慣以外的做法。這會說的當然不只是素食，這世上絕大多數的眾人，都不是沒有能力好好對待和自己不同的人，他們只是從來沒有關心過習慣以外的做法。

生活難，所謂怪人的生活又必須比眾人莊敬自強一點。我經常需要交代開始吃素的緣由，回答營養學上的質疑，在對方的防備中澄清我並不評判別人吃肉，在施捨的目光之下聲明我不同意自己的口慾需要憐憫。必須反覆對著眾人解釋自己的意志，也是令我厭世的一環，對牛彈琴使人疲勞，既然真心解說還是得落得披鱗長角似的怪人下場，我不如就退到邊上靜靜活著，反正眾人面前我已經註定格格不入。

怪人在這世上找活路，精神意志一般來說已經比常人堅強，他的路要嘛孤單地走，要嘛和眾人對幹著衝，有時天晴，有時暴雨，也難免會有筋疲力竭的時候，那就是魍魎黑夜。眾人很難看得出怪人正走在夜路上，因為失去求生意志的怪人走不遠，在人群裡看起來特別乖巧，會笑會扯淡有時還能歌舞喧鬧，夾在眾生之間隨順起落，消極等待最後一絲生命力的飄逝，把這個位置讓給更適合的人活。在某些時刻，「厭世」兩個字會忽然從長久以來蟄伏狀態的形容詞，瞬間轉化為動詞，先加ing，隨即換成ed，從此和某個怪人的生命一起成為過去。這個時候，眾人才要大吃一驚，懊悔當初要是多留意就好了，這句話在三五天的勞碌之後，往往又淪為一個體面的謊，眾人自顧不暇，隨人顧性命。

每當我去到陌生的地區，走遍整條街也找不到任何素食店家可以吃飯，會去問一般食舖的老闆，肯不肯做一碗白麵拌麻醬，或清炒一份素麵給我。被應允，甚至被多問一句：

「加一把小白菜要不要？」的時候，我會覺得自己忽然成為《口白人生》第二集的電影主角，正在演出一段吳念真筆下的劇情，描述著迷惘時代混沌人性裡依稀存在的光亮，那種「臺灣最美的風景是人」的溫馨橋段。但對怪人而言，旁人一時的暖心其實不足以挹注長遠的生存，真正能夠長遠的，必須要是平日裡可以稀鬆看待的尋常，就像鼎泰豐裡的香菇素餃和素食炒飯，任何時候走進店裡，無論點菜的時候好聲好氣，還是冷面冷語，端上來的都是烹調水準與他人一般整齊的食物。需要等人發揮愛心的對象，怕是難有活路。

有時候對於自己身為怪人的艱辛，難免感慨。臺灣富過三代了嗎？可以懂吃穿了嗎？個人意志可以探頭出來不被打槍了嗎？問題乍看有兩個答案，其實沒有選擇。我不做自己活不了，人類文明的演化不會回頭，臺灣也不會回到二話不說服從威權的時代。上一輩為了過上好日子，不惜工本栽培下一代，然而教育這事不單只是拿學歷換薪水那麼簡單，教育是個買一贈十的同捆包，書讀得夠多，見識就會長，思考就會廣，獨立意志就會養成，翅膀就會硬。某程度來說，這也符合上一輩要我們過上好日子的盼望，人類正在面對的課題，就是要進一步尊重每一條個別的靈魂，捍衛每一種生活形式的自由，讓全體生存品質向上調整。無論這是不是舊輩人意料得到的結果，都是我們正在承接的現狀。

眾人永遠會相對於各種少數族群而存在，好像我在餐桌上屬於少數，但是對外籍移工來說就是眾人；在親子教養議題上是少數，相對原住民來說是眾人。舊時代的眾人可以對著怪人指點排擠，但是如今的眾人需要學習的是聳聳肩，說：「喔對他和我們不一樣，但人家也有同等生存權利」，把任何與我們相異的個體，都承認接納為太陽底下的正當風景，這是人類文明裡正在發生的改變。無論喜歡不喜歡，我們都已經來到大隊接力的接棒區，只能接過棒子往前跑。這世間哪裡有什麼東西，能夠今昔同一面目，萬年齊整不變呢？能變，才有機會進步。

有時候我會想，地球上的生命進化到現在，為什麼我們是人，而不是阿米巴原蟲。是不是最初曾經有一隻蟲，決心要壯大起來，所以在細胞裡種下了基因的突變，成為一頭獸；許久之後，又有一頭獸，決心要在交配與覓食之外，找到更能誘發生命力的事物，於是在那個關鍵突變的脫獸基因裡，生出一股永不滿足的驅動力，朝著遠離獸性的方向去尋找答案、於是演化成人、於是我們無法止息地尋找著，各種讓人類文明更加高明的可能。未必每一個改變，都能通往更高明的文明，但是在心裡、在社會當中挪出空間，尊重每一種不同的身分，免去他們怪人的標籤，承認每一個我族或異己，都享有同樣平等的生存權利，那份寬厚與謙卑，至少不會讓我們距離高明越來越遠。我是這樣相信的，這是我在厭世的業障中，從來沒有懷疑過的清明。

原載於《鏡週刊》，二〇一七年一月二十三日

料理對決

祁立峰

1981年生，現任國立中興大學中國文學系副教授。研究領域為六朝文學、文學理論，著有學術論著若干。另從事文藝創作，曾獲臺北文學獎、教育部文藝創作獎、國藝會創作及出版補助。著有散文集《偏安臺北》、《來亂》長篇小說《臺北逃亡地圖》、專書《讀古文撞到鄉民：走跳江湖欲練神功的國學秘笈》；曾於《FHM》雜誌、《中國時報》人間副刊「三少四壯集」、「UDN讀書人」以及「Readmoo閱讀最前線」擔任專欄作者。

已經記不清楚學妹到底什麼時候開始手作便當的，但這次你卻是臨深履薄掀開保鮮盒塑膠蓋，幾乎不假思索更不加咀嚼地將整塊煎蛋捲一次塞進嘴裡，並努力發出美味的悶哼。

一開始學妹提議與其外食，不如由她料理。初期不過是炒飯或蕎麥麵這種基本的家常食物，其後一切就失控了，如冷戰時期的軍備競賽，各種放在食譜後半段的華麗菜餚，全給塞進保鮮盒。你原本不過吃粗飽格體，囫圇無味蕾，但既然吃了賢慧無敵、往往還必得打卡傳照的手作料理，總得誇誇賣弄給點建議。還不用到《中華一番》那種，仙女和金龍齊飛，鍋爐餐盤都絢爛發光的程度。

就在你幾次縝密分析，關於學妹之廚藝與餐館之差別後，她終於發怒了——因為沒有鑄鐵鍋所以加熱不均勻啊，因為太趕了沒時間先汆燙過啊……大概就是上述你不瞭解的外緣因素導致。但你再不敢提議外食，這樣強迫烹飪又強迫讚賞的徵狀，大概是料理版的南丁格爾症吧。

在湊佳苗《白雪公主殺人事件》小說裡，一對前後期進公司的女職員，因對課長的爭奪而陷入陳腔的勾心鬥角。但面對身材外表都神正無懈可擊的後輩、且姓氏和自己名字同音的三木典子，前輩城野美姬使用料理大絕，她自信栩栩和其他新進女職員說：「只要為一個男人親手料理三次，她就離不開你了」。傳統的日本職場文化，OL婚後多提出離職，一變而為專職主婦相夫教子，那麼主婦之日常系戰鬥大概不外是參與掌管社區事務的町內會、寫傳閱板以及替全家人手作便當，君不見幼稚園孩童各種浮誇而卡通造型的彩色便當，那都是媽媽們在方寸斗室之廚房，蓄力集氣，會心一擊的料理對決啊。那麼烹飪這件事本身，被謄寫成某種懸命或職志，好像也有點道理。

美食和慾望、和戀情，以至於性別攻防，向來有緊密的連動關係。張愛玲《色，戒》裡那段著名的——「經過胃通往男人的心」論述，而今看來即便有些沙文有些不時宜，然而食色性也，人之大慾存焉，那鋪天漶漫的慾望，將之落實而具象化，難免就成了邪淫貪婪的饞相。

在余華《許三觀賣血記》裡，許三觀和許玉蘭求婚的花招平凡無奇，卻直指要害，在一輪請客吃食畢了，許三觀數著手指精算這一段關於小籠包、餛飩與西瓜上的愛情：「小籠包子兩角四分，餛飩九分錢，話梅一角，糖果買了兩次共計兩角三分，西瓜半個有三斤四兩花了一角七分，總共是八角三分錢……妳什麼時候嫁給我？」後來早有男友的許玉蘭只得虐心下嫁給許三觀，一切都是料理惹的禍。

好吃嗎？學妹問。嗯嗯，唔唔。你將食物塞滿嘴，持續發出這種含糊、意義不明但聽起來像由衷讚嘆的悶哼聲音。拉岡的理論，能指指向另一個能指，慾望對象是另一種慾望。有明確對應關係的語言本來僅是符號，這時你對學妹料理之形容，已經超越語言水草之彼岸了。也就在這時，你好像突然讀懂了言論不自由的年代，那些晦澀濛曖、充滿隱喻的詩歌。原來是這麼一回事啊。

原載於《中國時報》人間副刊，二〇一七年三月二十二日

日劇、飲食、商場、遊樂園……
什麼是日本人眼中的「大人味」？

張維中

臺北人，現居東京。寫小說也寫散文、旅記和童書，近作有小說《餐桌的臉》、散文《東京模樣》，旅記《日本‧三日秘境》、《東京，半日慢行》等書。張維中官方網站：www.weizhongzhang.com

前陣子剛下檔的日本偶像劇《四重奏》的編劇，出自於《最棒的離婚》劇作家坂元裕二之手，由松隆子、滿島光、高橋一生和松田龍平共同擔綱主演。這齣戲標榜內容融合進愛情、懸疑、喜劇等要素，交織出一部「苦中帶甜，有如黑巧克力滋味一般，『大人的』愛情懸疑劇」。

這樣一齣「大人的日劇」在收視率上的表現，除了第九集達到十一%以外，其他每一集都僅有個位數字，最終以平均收視率八‧九%作收。雖然收視率表現得不太亮眼，但是從日本到臺灣的網路社群上，這齣戲引起的話題與討論卻不少。*多數人都公認《四重奏》是這一檔的日劇中極為細膩的好戲。伴隨著劇情的始末，當初在宣傳臺詞裡特別強調所謂「大人的日劇」也成為話題之一。

所謂「大人的○○」，在日文中是「大人の○○」或「オトナの○○」。這幾年若你來日本遊玩，經常留心街頭廣告或店家賣場風景的話，不難發現，所謂「大人的○○」的關鍵詞，從飲料、零嘴、酒，到書籍、店家或遊樂園，甚至現在是戲劇等等都會出沒。以「大人」為主打對象的東西，在各種領域俯拾皆是。

大人不就是成年人嗎？不過現在對於日本人來說，這名詞似乎比過往又多了一些層次感。「大人」這個詞彙，彷彿開始象徵的是一個新族群，一種新的生活型態、價值觀與獨愛的口味。

*《四重奏》收視率差但網路話題卻不少，其實與先前《最棒的離婚》的狀況如出一轍。這一方面反映出日本年輕人遠離電視，但是另一方面也凸顯收視率的調查方式，已不符合時代潮流。大家不是對連續劇沒興趣了，而是沒有沒有夠特別足以吸引人的戲劇。此外，還有一個更關鍵的原因是，愈來愈多日本人不喜歡「即時收看」電視節目。方便的錄影系統，讓大家已養成將電視節目先錄起來，事後再看的習慣，或者更可以在手機上透過網路觀看。這些不再經由電視直播看節目的觀眾，人數都很難被算進收視率報告裡。

到底日本人是幾歲以後，才被視為「大人」呢？這裡的「大人」跟日本人會舉辦二十歲「成人式」來象徵成年，在意義上又不太一樣。雖然法律上確實規定十八歲開始有選舉權，二十歲以後可飲酒，不過在日本人的感覺中，那樣的成人跟現在常說的「大人的○○」中的大人，在感覺上仍有曖昧的迥異。

日本社會之所以會有「大人化」的趨勢，除了商業活動的推波助瀾以外，根本上還是與當今日本的人口結構息息相關。目前日本總人口數是一億兩千萬人。其中最多的人集中在四十歲至六十歲之間，而平均年齡的中間值則是四十六歲。這個年齡層的人，因為經濟基礎穩定，體力尚毋需堪慮，對於事物的喜惡更為分明，而且對生活的興趣也比年輕時更確定，所以其實只要業者能命中紅心，那麼就是很明確可以掌握到的一批消費族群。

例如ＪＲ東日本鐵道公司在多年前，就已經開始主推「大人的休日俱樂部」特惠專案，聘請吉永小百合作為形象代言人，鼓勵大人們四處遊玩，旅行可不只是「青春十八」的權利而已。東京迪士尼樂園早在多年前也找來熟女黑木瞳做代言，廣告中也是主打「大人的遊樂園」。畢竟米老鼠不會長大，愛著他們的粉絲們可是會老的。怎麼樣一輩子都牢牢抓住粉絲的心，極為重要。

近年來東京新興的商業設施，幾間受矚目的據點幾乎也都以「大人的○○」作為主攻。例如代官山的蔦屋書店、二子玉川的蔦屋家電，便曾明確地表示希望打造一座

「大人的書店（家電）」空間。澀谷原來只是十歲至二十歲世代的嬉遊區域，當「澀谷HIKARIE」落成時，也以「大人的澀谷」作為訴求，翻新東京人對澀谷的定義。不約而同，有樂町的阪急、LUMINE和銀座東急廣場，及二〇一七年四月下旬開幕的「GINZA SIX」配合銀座這一帶原本就是大人味濃郁的鬧區，都特別強調要為大人們做出生活新提案。

在眾多的「大人」消費中，最頻繁使用大人這個關鍵字，且品目佔據市場最大宗的，還是當屬日本的甜食和零食市場中，標榜「大人味」的甜品了。過去日本的甜食與零食廠商，都以開發小孩和家庭市場為主線，可是近來很明顯的主推大人的甜食和零食愈來愈多。定價稍微高一點，但標榜品質好，包裝設計也更有質感，口味調製上也符合大人喜好的味覺，成為廠商擴大市場的走向。各家零食廠商承認，消費者目標的戰略，已從小孩轉換為大人。像是明治的「大人的蘑菇山」、不二家的「Country Ma'am：大人的香草、可可」和雀巢的「KitKat：大人的甘甜」都是此類型產品中的暢銷單品。

所謂的大人，更多時候或許是從味覺口感上來判定的。離開零食甜點，其實日本人在日常生活中，也非常愛用「這東西吃起來很有『大人味』啊！」來發表對食物入口的感想。同桌的日本人一聽到這東西很有「大人味」以後，多半都會點頭表示理解了，不過我身邊曾有在東京生活的歐美朋友，就感到十分困擾。有人曾對我說：「因為有些東西沒見過，不敢立刻吃，所以先會問問日本朋友，這吃起來是什麼感覺？他們常常都會說，一種很『大人味』的口感，然後話就結束了。到底是什麼味道，我還是不知道！」

這些「大人味」的食物，到底吃起來究竟有何不同呢？簡單來說，它們的共通特徵就是：不那麼甜，帶點苦味，或者非一般飲食經驗中的味道。最關鍵也是最微妙的，是號稱會擁有殘留的餘韻。對年輕人來說，可能會吃不出其美味，甚至討厭，但在大人的味覺感官中會覺得好吃，能吃出更深層的味道。前兩點「不甜或帶苦」還能理解，至於能否吃出「餘韻」呢？那還真是得看個人造化了。如此曖昧的說法，果然很日本，大約就是一種枯山水的禪意吧。

有網站針對五百個人調查，到底什麼是你認為的大人味？結果第一名四十八・八%的人都說「可以懂得品酒」就是懂得大人味。第二名有四十五%的人則認為「發現小時候討厭，但現在愛吃的東西」就是大人味。是否還是很抽象呢？所幸從這份民調中，大致可歸類出一些食物，了解當日本人說「大人味」時，是用這些東西來判定所謂的大人。

大部分的日本人，在小時候都不愛吃番茄、芹菜、青椒、茄子和秋葵。這些東西可能有人長大了還是不愛吃，但如果你對下列食物開始有好感的話，就會被視為大人了。這些食物包括了芥末、青蔥、生薑和近來忽然流行起來的香菜。除此之外，懂得品嚐高級品，當然更象徵明白大人的滋味。例如紅酒（而不是學生也愛喝的啤酒）、高級壽司、鰻魚和烏魚子等。

難道除了吃喝玩樂的定義之外，日本社會中的「大人」就沒有個性上的特質嗎？這當然也是因人而異的。但我想最後仍可以引用《四重奏》作為日本人對「大人世界」的註解。那就是在每一集的片尾，四位主角高唱的主題曲〈大人的法則〉裡，詞曲家椎名林檎所寫下的精湛詮釋：「喜歡、厭惡、想要，說漏了嘴會怎樣？硬要去分個黑白講穿的話，就會令人恐懼……大人，就是要懂守密。」

原載於《端傳媒》，二〇一七年四月二十日

炒麵線巧奪天工

朱振藩

平生雅好文史，酷愛書法，喜讀兵書，尤醉心於美酒佳餚，以「愛吃、能吃、敢吃、懂吃」著稱。涉獵極廣，除飲食外，對相術、命理、風水等皆有深入研究。曾教授過面相、書法、飲食、謀略等課程，並陸續在各報廣開有關飲食、面相及風水等專欄。先後有「食聖」、「現代食神」、「臺灣首席美味鑑賞大師」等封號。目前出版之簡、繁體字著作，已達四十七部，其較著者為《味外之味》、《台灣美食通》、《點食成經》、《看風水》、《食林遊俠傳》、《笑傲食林》、《食林外史》、《識味》、《食味萬千》、《食在凡間》、《六畜興旺》、《痴酒》、《識相》、《心知肚明》、《味兼南北》、《金食為開》等多種。

川菜名廚朱小肥所設計的「川式滿漢全席」中，其十件鹹點內，列有「福州線麵」一味。所謂的福州線麵，即是金門的麵線，目前金門所製作的，仍然以手工者居多，較機器製出的產品，品質超出多矣！

福州線麵是福建省的傳統風味名食，製作非常考究，採用精白麵粉為原料，佐以食鹽、生油、薯粉等，經和麵、開條、搓條、串麵、拉麵、掛麵、挽麵等十餘道工序，反覆拉製而成，成品以柔軟細長、纖細如線而得名。且具備質軟而韌、潔白細膩、落湯不糊等特點，故歷來行銷海內外，在南洋地區尤受歡迎。

早年在福州，以布司埕（註：位於分鼓屏路南段東北側省衛生廳一帶，因明代布政司衙署位於此，故稱）的「萬順有」著稱，後以「隆春有」、「隆順」兩家最負聲譽。民國初年薩伯森所撰的《垂涎錄》，載有〈萬順有線麵〉一則，云：「『萬順有線麵店』設於布司埕，其所製線麵具有三優點：一、色白；二、絲細；三、質軟，宜於病夫、產婦吃之，簡稱『布司埕索麵』（按福州人呼線麵為「索麵」）。」

以往民間傳說，稱線麵是王母娘娘的愛女九天玄女，為了向母親祝壽，精心備辦的禮品。壽宴過後，辭母返家，在歸家的途中，看到有為青年，在河邊焚香禱告，希望上蒼賜他一技之長，才能奉養老母。九天玄女見狀，心中大為感動，親傳線麵技巧，從此留傳人間。由於此一線麵，經由九天玄女指點，是以過去拉製線麵的業者，全供奉九天玄女神像。神像旁懸有對聯，上聯「金梭玉帛」；下聯「牽絲如縷」。橫批為「巧奪天工」，全用紅紙寫就，以示虔誠之意。

線麵也是福州地區的民俗食品，在不同場合中，有不同的叫法。例如婦女在生產期間，多以線麵當主食，稱之為「福麵」；結婚送給女方的，叫「喜麵」；親友之間互相饋贈的，稱「太平麵」；而當成老弱病患者的保健食品，則稱為「健康麵」；又因它原本就是「壽麵」，故過生日時，必享用一番，寓長壽意涵。

早在北宋時，就有線麵了。詩人黃庭堅路過福建土寨，曾品嘗過其滋味，並賦詩以記其事，內有「湯餅一杯銀絲亂，牽絲如縷玉簪橫」之句。當下福州線麵的品種不少，著名者有雞蛋線麵、龍鬚線麵、銀絲線麵、長壽線麵等。食法堪稱多樣，煮、炒、燜、拌、炸等，每種均無不可，配料葷素不拘，食味各有千秋。

廈門人喜歡吃炒麵線（叫法一如金門）。在製作時，先用小火將花生油燒至七分熟，把麵線輕輕下鍋，切勿使其散開，炸至色呈淡黃，以筷翻面再炸，待其色呈紅黃，即撈起瀝乾油，等它放涼後，再入沸水鍋中略汆軟化，接著取出晾乾。隨後將瘦豬肉，水發香菇和冬筍，均切絲備用；乾扁魚炸酥研末；韭黃洗淨切末；蝦先剝殼取仁，殼再剁末稍煮，濾去其渣滓後，與炒過的豬油、白糖置砂鍋中。先以旺火把蔥爆香，放入蝦仁略炒，隨加料酒、香菇絲、冬筍絲、豬肉絲，爆炒至五分鐘，傾蝦殼湯煮沸。以鐵勺將配料撥至鍋邊，把麵線入湯內煮，以鐵勺翻散、截斷。等湯汁收乾到三分之二時，將麵線炒勺裝盤。接著下韭黃與肉絲等配料翻炒，撈起置麵線上，淋上一點麻油，再撒上扁魚末即成。

此菜工序繁複，雖嫌踵事增華，但其配料多元，麵線柔軟細嫩，吸足濃郁滋味，醇厚甜爽香鮮，夏日配啤酒吃，咀嚼餘味不盡，最是消暑隽品。

在此要補充的是，廈門人製作炒麵線，其在炒之前，需先炸過者，稱「金絲麵線」；

而不需炸的，則叫「銀絲麵線」，滋味不盡相同，但以先炸過的，感覺會更入味。

廈門人鍾愛炒麵線，邀請壽星吃飯，第一道必上此。其歷史甚悠久，已超過一甲子。早年由「全福樓」和「雙全酒家」的陳如篤、陳其賢等幾位老師傅所創製。現在這兩家已歇業，但在「綠島」、「新南軒」、「好清香」等酒家，仍可吃到炒麵線，它不僅是酒家的筵席菜，且已「飛入尋常百姓家」，常在廈門的家常菜中現蹤。

金門的「馬家麵線」，是「由廈門傳入，址設金城南門里舊街，祖傳三代，已經營百餘年。民國九十三年，由經濟部輔導為全國唯一麵線觀光工廠」（以上見《金門縣志・經濟志》）。我曾蒞臨數次，其提供試吃者，主要為炒麵線，縱不如以上所舉那一方式製作的，但味道不錯，仍值得一品。

金門的炒麵線，其主料為海蚵，製法為：先將海蚵洗淨，蔥、高麗菜、紅蘿蔔切絲；接著鍋中入油適量，將麵線放入，炸成金黃色；隨即把炸的麵線，以沸水燙熟後；最後入海蚵、肉絲、麵線、高麗菜絲及紅蘿蔔絲，翻炒至熟即成。

其製作的方式，比起廈門的炒麵線，工序相對簡單，突出主體滋味，可謂相得益彰，不失為好味道，尤宜佐高粱酒。

我過去曾在金城鎮的「戀戀紅樓」和烈嶼鄉的「臨海海鮮店」，分別品嚐其「海蚵炒麵線」，鑊氣都不錯，能適口充腸，若論起本事，後者勝前者。

原籍金門的老友許水富，有詩、書、畫三絕之譽，所作新詩，蒼涼激越，如嚼橄欖，殊耐尋味，充滿著想像空間，所寫之麵線，富弦外之音，其詩作如下——

所有的曲線都是形而上的
所有的直線都是有機的
獨到的手藝預言
滿足尋找口腹的人和成全送禮猶豫的人
之外
麵線的殺傷力是性功能
它和豬腳和牛肉和人參和當歸融調理
第一碗止餓
第二碗舒壓
第三碗提神
請快抉擇
我們曾為這些口感排隊一整夜

其實，金門傳統的手工麵線，據《金門縣志．經濟志》上的記載：「製麵技術，配合本島純淨水質與氣候，自然曝曬而成。其特色為常溫不霉，快煮不爛，低鹽不鹹。本縣獨有代表長壽吉利之單扭造型，俗謂麵線結。」我在想，此一「麵線結」，或許就是許詩中，「曲線都是形而上」之所本吧！

原載於《中華日報》副刊，二〇一七年七月十五日

冰果

林薇晨

1992年生於臺北，政治大學新聞系畢業。現就讀政治大學傳播碩士學位學程，撰寫《人間福報》副刊專欄「日常速寫」。散文曾入選二魚文化《2016飲食文選》，作品散見於報章雜誌與部落格「某某的絮絮」。

夏蟲不可語冰。然而，有些大牌的刨冰店恰如夏蟲似的浮來暫去，每年只在溽暑中營業，夏天過了就收了，毋庸考慮寒流時該推銷酒釀湯圓或薑汁豆花。單單一季的盈餘，便足以維繫店老闆涉及秋葉冬陽春花的雲遊，印證了那句頌揚致富之道的諺語：「第一賣冰，第二做醫生。」除卻這些等閒不願開張的名店，尚有許多街坊商家終年提供雪花，因為苦熱的日子長了，刨冰越發成為不敗生意。

日治時代刨冰機引進臺灣，我想應是如夢似幻的邂逅，小小一碗冰果甜品，標舉了南國的水電、製冰、農業技術的優良，是現代化的象徵。如今刨冰已無這樣文明的意思了，即使物料與口味百般推陳出新，販售的仍是一種懷舊。機器裡，迴旋鑿刀轟隆轟隆裁下盛夏的初雪，千樹萬樹梨花開，開出一缽尖而飽滿的冰山，眾人手心拿隻小銀匙一鏟一鏟施工：挖除布丁，移植草莓，擷取煉乳，預防雪崩——成了摩登愚公。或許心頭火是頑固的冰，舌尖冰則是氤氳的火，將之幽幽化解，胸臆於是忽地空曠了起來。那種清涼近乎寂冷，像一個悔婚的新娘，逃離了宴會，獨奔荒野，頭上是藍的天，腳下是紅的地，繁複紗緞拖曳，銀色魚口高跟鞋一點一點踩著慢跑的碎步，說不出有多快樂。

刨冰的配料總是斑斕至極，白雪森林珠玉亂墜，令人感覺世間貴重物事盡收此處，難再另覓了。排隊許久後刨冰店人龍稍減，終於立在櫃檯前挑選配料時，那份斟酌的為難也有愛玉的滑溜，紅豆的纏綿，腴腴嫩嫩，猛然碰出輕彈的震顫。譬如那孩子搭拉著眼皮，一心一意盤算各種組裝，仙草、蒟蒻、粉粿、粉圓、芋泥、薏仁、銀耳，睫毛端凝下垂，像佛經的書籤繩尾巴的流蘇，掃在〈普門品〉那頁：「若有百千萬億眾生，為求金銀、琉璃、硨磲、瑪瑙、珊瑚、琥珀、真珠等寶，入於大海，假使黑風吹其船舫，飄墮羅剎鬼國……」

其中，還是水果第一活色生香。夏季旅行時，偶然經過鬧區或學區幾間冰果室，洋溢老臺灣的韻味，木桌鐵椅，塑膠印花防水桌布，播著鄧麗君的日本歌〈愛人〉，令我印象深刻。店門放一座三層透明冰櫃，玻璃上薄霧朦朧，裡面凜凜羅列了剖開的鮮果，袒胸露腹的，哈密瓜的翠，鳳梨的金，木瓜的朱，火龍果的紫，各自流淌各自的奶與蜜，微有情色之意，幾乎像個肉鋪。以色相誘人最是傳統，這大約亦是這些冰果室所以別具復古風情的緣由。

美是繁衍的策略之一，對於這點，自然界尤其開誠布公。好比有人總愛戲謔地說，情人節送花不過是搬弄一束赤裸的生殖器官，那有什麼可貪戀。但這正是植物的近乎天真的真摯。我不禁暗暗想著，倘若一枚熱帶的果實，生出了最鮮豔的表皮，可是遇上色盲的獸，發出了最馥郁的氣息，可是遇上鈍嗅的禽，該怎麼辦呢。這真是最徒勞的表演，書空咄咄，奇恥難耐，簡直帶有黑色幽默的悲哀與諷刺——然而各式各樣的反高潮，生命裡哪還曾少過？

我常常想起艾莉絲．孟若的小說〈紅晚裝——一九四六〉裡，主角為了逃避高中的聖誕舞會，在冬夜悄悄揭開臥室的窗，企圖讓風雪凍傷咽喉，又將雪花抹遍胸膛，和衣溼漉漉睡著，期待發燒與咳嗽。然而不幸地，她到底無病無恙，必須穿上母親縫製的華服，出席令她自卑的青春與社交場合。這也是某一種反高潮，求死不能，眼睜睜在平安裡迎接重複的絕望。為此，置身炎夏的刨冰店之際，我總是慶幸自己沒吃過冰雪的苦，只知道冰雪的甜。

原載於《人間福報》副刊，二〇一七年七月二十一日

臺灣的肉圓文化地圖：這個肉圓遇見那個肉圓

王浩一

臺南城市作家、文史工作者、生活考古學者、輕歷史論述者。臺南政府珍貴老樹保護委員、文化創意產業發展諮詢委員。三少四壯集、《美印台南》專欄作家。高雄醫學大學講師。曾以《浩克慢遊》獲得2017金鐘獎生活品味節目主持人。

著有：《慢食府城》（心靈工坊出版），時報開卷2007年度美好生活書獎；《當老樹在說話：那一年，他們在台南種下的樹》（2014年3月，有鹿出版）；《著時：南方、美時、美食》（2015年1月，有鹿出版）；《小吃研究所：帶著筷子來府城上課》（2015年10月，有鹿出版）；《旅食小鎮：帶雙筷子，在台灣漫行慢食》（2016年10月，有鹿出版）；《英雄守弱》（2018年1月，有鹿出版）。

多年來，走在臺灣小吃的考據文史途徑，每每撥開雲霧發現地方美食的前世今生，理解了我們為何「吃了這個」？這種小吃為何南北兩地有此差異？閩南人與客家人的飲食文化有何不同？總是驚喜這座島嶼的美食如此多元，它們的演變也是如此多趣。

這篇「這個肉圓遇見那個肉圓」，也稱是「彰化肉圓遇見屏東肉圓」：曾文溪以北的肉圓 vs.曾文溪以南的肉圓。這裡出現了幾個關鍵字：肉圓、彰化、屏東、曾文溪，我們一起走探這個「很臺灣」的小吃，來一趟發現之旅。

彰化肉圓，即明白發源地在彰

化，精準地說在「北斗」小鎮，它是「臺灣的原創味道」。相傳在清領時期，一八八九年彰化縣北斗地區發生水患，於寺廟裡擔任文筆生的范萬居，將家中地瓜曬乾，磨成粉（地瓜粉）後，摻水揉成團狀（像是米萃），不調味，以蒸鍋炊熟（食用前，有蘸醬油者），贈給災民食用，當是臨時充饑食品，沒有內餡，無豬肉與筍丁，談不上美味，口感僅是「像硬點的糍糊」。事後，後人根據這個雛形，填入調味內餡，為了更有咀嚼感，先蒸後炸，淋上醬汁，逐漸成為今天模樣。

不過，北斗肉圓模樣與其他地區的「彰化肉圓」不太一樣，它的手工技巧與外型顯得古樸。我舉例北斗老店「肉圓瑞」的做法，描述如下：肉圓瑞以糯米漿煮熟後，再與地瓜粉攪拌成稠狀，冷卻後一陀坨置於小碗模具中，再添加事先炒過的筍丁、入味的胛心肉、酥香紅蔥頭等餡料，再以相同米漿覆蓋包裹。最後，用手指左右捏起，外觀有「三掐痕」成了元寶狀，置入蒸籠炊透十分鐘，外表呈現半透明。食前再入鍋油炸，起鍋，瀝油，入碗淋上獨家沾醬（顏色比其他家偏深，口味也略重）。

肉圓在北斗小鎮，有許多老店：肉圓詹、肉圓生、肉圓火、肉圓儀、肉圓賓等等，在廟口的、在老街的、在小巷的……吃哪一家？基本上都不會錯。隨著時間更迭，肉圓發展到更都會性的彰化市、員林市，它更顯蓬勃發展，而且口感與外觀都有了改變，應該說是2.0版。我來說說彰化的「彰化肉圓」老店的講究：粿皮選用「臺南善化31號地瓜」所製的純番薯粉（非修飾澱粉或肉圓粉），而且強調「產於清明前，因為雨水少，口感更有Q彈」。豐厚卻不顯難嚼，軟嫩之中又非糜爛，吞嚥感極好。內餡的筍角先是汆過，再用冷水降溫保持脆感，最後炒過上味也上色，同時去除鮮筍偶而出現的「因為日照的苦味」，混入肉塊、香菇丁。

漸漸地，彰化肉圓往北傳承到了臺中海線、山線，更遠到了苗栗芳苑小鎮。往東，南投、埔里、草屯、竹山等等幾個南投縣的人口多的小鎮，老店的年資有超過百年、四代者。特別說明埔里小鎮至少有三家肉圓名店，小鎮的吃法不同於其他地方，我來說說創立於一九四九年的「阿甲肉圓」：進了店家，眼前大牆張貼着「在地吃法」介紹：先將肉圓外層Q皮吃完，「留下」肉餡與筍丁內餡。餐桌上備有茶壺，茶壺內裝有老闆精心熬製的熱大骨湯。自己動手，將大骨湯倒入碗內，輕輕攪拌，把殘餘內餡與醬汁攪勻，即可喝湯。如何？這就是埔里肉圓的茶壺湯吃法。

彰化肉圓繼續往南，越過濁水溪，到了雲林、嘉義，也跨過了八掌溪再往南，到了臺南，直到曾文溪停止。因為曾文溪以南的肉圓已經改成了「屏東肉圓」，換句話說彰化肉圓在曾文溪以南是「弱勢美食」。

什麼是「屏東肉圓」？從屏東潮州小鎮發展出來的街頭小食。食材不是地瓜粉所製，不是圓滾滾在低溫油鍋浸熟的處理方式。是由在來米（老米，置放超過九個月者）所製，先在蒸籠裡炊透，外觀顯得白潤軟嫩。肉圓清蒸後，再放在特製的輕鹹「大量滷汁」裡浸泡，使其載浮載沉，也使白色粿皮更入味，顏色比較深邃。店家的滷汁多以隔水加熱的方式，來保持熱度。有些店家一顆十元（比較小顆），點食之後，寬碗裡裝個三顆（一份），再淋入滷汁，加入蒜泥與香菜末子。

從潮州小鎮出發，往西到了東港小鎮，往北先到了屏東市，屏東市究竟是美食之城，這裡有甚多精彩的肉圓老店。我來介紹屏東市南端的「歸來肉圓」，因為這家多了牛蒡口味，甚是精彩，我稱它是「屏東肉圓的2.0版」：新鮮牛蒡要經過乾燥處理，才能顯出特有味道，更俱韻香甘美，日曬者又優於烘乾處理。店家把日曬切片的牛蒡浸溼，絞碎，一部分與在來米漿混攪，一部分與肉餡交揉。

作法與一般「屏東肉圓」一樣，老在來米的米漿糊（牛蒡顏色比較深邃，偏褐色），先抓一撮置入圓弧小碟裡，再塞入大量碎肉餡，上面又是一層米糊，以四指挖起肉圓置入蒸籠。一籠約四五十顆肉圓，炊蒸十分鐘即可。上桌前，碗內淋上大量自製的微鹹濃香滷汁，半淹沒肉圓，些許香菜。

屏東肉圓的影響力，飛越過高屏溪到了大高雄地區，美味不變，品食的時間從屏東的早餐改成下午茶的點心，這是適合都市人作息的調整。隨著腳步，屏東肉圓到了「小吃首都」臺南，美食的講究又陡升了起來。臺南舊城有兩爿肉圓名店：福記、武廟。其中又以武廟肉圓的美味讓老饕讚不絕口，我說：「約四十分鐘炊透，脂玉般的外皮隱隱透出內餡，即可。食用時，一碗三球，淋上不傳紅色密醬。我喜歡再加大量蒜泥，最後少許黃色芥末，提味，也彰顯色香。」

在府城的老饕多喜歡「火燒蝦」食材，於是「肉圓」再度變身成了「蝦仁肉圓」。工序是：以小小鋁碟當是置俱，先抓一把米漿放入小碟右端，肉燥塞入米漿，此時一些米漿則會被擠到左端，將約三隻蝦仁放在肉燥上，再把左端多出來的米漿宛如被子般，將內餡包覆起來，即成。以五指撥出肉圓，排列整齊放入蒸籠，四十分鐘炊熟。一盤有三球，淋上滿滿的特調濃稠醬汁，這種以碎蝦肉熬煮的獨家佐醬，裡面細細蝦肉依然隱隱可見，肉圓上放置一撮香菜，建議再酌量加上蒜泥、芥末醬。

肉圓的南北戰爭如何？美食萬歲！

原載於《皇冠雜誌》七五七期，二〇一七年三月號

市場

二月十九日京都逛批發市場

毛奇

本名蕭琮容，深夜時段起家，烹煮料理以明志，作為在都市求生的方法。

人類學學徒，曾經行走異國與臺灣鄉鎮尋訪食物產地與人群，怎麼吃，如何吃，跟誰吃的溫存蘊藉的種種故事所在多有。出社會後，從事文字媒體與影像工作，透過每週《聯合報》副刊專欄（2015年6月～）一畦小小的園地，用烹煮食物與書寫跟人們說說話。

相信吃東西的時候，是人離自然最接近的神聖時刻。

作品散見於籍與報章媒體：《澎湃！產地小旅行》、《小農復耕》、香港《號外》雜誌、「非常木蘭」媒體、「食力」新媒體、《鄉間小路》、《端傳媒》……等。

我喜歡逛市場。

市場是匯集一個城市、鄉鎮口味和環境物產的殿堂。走在其中，鮮活的翠綠的、肥碩的修長的新鮮蔬果，簡單加工的漬物與鮮食品，魚與肉，夾道而來的風景與真實的日常生活脈動使人喜悅。

來到京都，一般咸認為必看的是市中心的錦市場。錦市場位於京都市的心臟，是從寺町通到高倉通的一條商業街道，販售京野菜、京漬物、魚鮮為主，有眾多老店。

地理位置上也可以從料亭餐廳遍布的祇園一帶沿著新京極商業街走過來，走一遭，彷彿就窺見了京都人四百年來廚房的樣貌。不過此地近年來觀光客不少，當地友人就再三告誡，路邊如糖葫蘆的生魚片肉串別亂吃，要吃還是到店裡才新鮮衛生。早點到市場晃盪，可以買中央米穀店的三角米飯糰當早餐吃，米穀店同時也販售不少日本當地的稻米種，值得嘗鮮；一些現做的盆菜店家，價格並不便宜，但是京都老太太們也不時來買些，讓人想起南門市場一樓的熟食攤。只是京都賣的是京野菜與南蠻煮，南門市場賣的則是桂花糖藕和綠辣椒鑲肉。

饒富興味地逛著，我並不會說臺灣的菜市場缺乏節氣時間感，不過溫帶的日本人彷佛更頂真地計算時節的變化。這從節氣書籍的內容編排即可見其一斑：臺灣節氣書通常是春夏秋冬四季配合二十四則節氣；日本節氣書通常將二十四節氣再細分成前、中、後，一共七十二候。一候約莫五天，時間曆法的細微刻度體現在吃食上，顯得充滿更多細節與規則。

好比，在季節來臨，立春、立夏、立秋、立冬的前一天，稱為「節分」。立春的節分要吃「惠方卷」。惠方卷的內餡傳統上有醃葫蘆條、黃瓜、雞蛋卷、鰻魚、肉鬆、椎茸等七種食材，代表「七福神」。人們拿著這一大條海苔卷，朝著當年度的吉利方位大口吃掉、不能停止，就有招福驅邪的效果。

年假拜訪京都市場的時機，除了販售相關食材，就連附近便利超商也販售這惠方卷。無奈觀光客胃口有限，看人吃得有趣，那麼一大條讓人無福消受，自己就捨棄了。觀光客身分意味著異地全然的奧妙都可被挖掘與觀看，但生理的限制，能夠吃多少、走多遠、爬多高，都必須要衡量打算。

「吃什麼好呢？」

忍耐觀光客不得不為的貪婪，最後以廚娘的直覺在一家清酒醬料行，買了一小壺現榨的瓶裝生酒和當地老牌燕子牌蘸黑醋醬，還有撒在飯上面的香鬆。芝麻炒極香，配上鰹魚碎，一圓我心中日式餐桌的圖像。

某些時候，美食家的愛慾是屬於食品安全的政治不正確的。饕客、吃家，不惜千里迢迢，罔顧碳里程，來到產地品嚐活生生的食物；吃沒被殺過菌的乳酪和酒，與這些被暱稱為「冷火」的發酵小菌，感受至高無上的吃食喜悅。

但也有些時候，愛吃鬼的愉悅與安心只要一點點就夠：比如在地老派食品工廠做出來的黑醋醬料。這類黑醋醬料，用辣椒、蔬菜、豆類發酵而成的帶辣豐厚醬汁，類似伍斯特醬，硬要類比就是臺中人吃的東泉辣椒醬吧。屬於戰後日本發展出來的和風洋食系醬料，搭配豬排、炸物吃很過癮。帶著在地家家都使用的共同回憶，買一瓶放桌上，頗有旅行後的回憶共感——在烏黑濃口醬汁中，模糊時間。

雖說世人提到京都市場，都說錦市場。事實上在遠離觀光區的京都西區，有個規模巨大的京都第一批發果菜市場，這才是現代都市生活中，真正意味的京都胃袋與冰箱。內市以批發的價格提供整箱的蔬菜水果、豐沛的海鮮給整個城市的餐廳與中小型商店街菜市；外市一格一格的空間，做的依然是上游生意：各式昆布一葉葉收得像美術社紙架的日式乾貨店、專賣各地產製之糖鹽澱粉的中央砂糖店、日式便當盒店、懷石料理用的餐具批發商店、鍋具與瓦斯鍋爐店……除了批發市場的電動臺車來往穿梭，各家商店一派閒靜為京都人服務，少見觀光客。

這樣的批發市場旁通常有迷人的朝食可吃，是做飯給市場裡辛苦打拚生活人們吃的飯館。就像臺灣傳統市場裡小攤特別好吃的概念——新鮮用料來自市場，價格低廉。口味面對這些日日夜夜與吃食環繞的體勞食客可說是馬虎不得，口味必須拳拳到肉。如果在臺北，這樣的市場與朝食攤位要往萬大路上的第一果菜批發市場、農產運銷公司尋去。日本的朝食店家分成西式和式兩品。西式通常有大面玻璃窗，裡面桌面有菸灰缸的老派咖啡店；可以點到小杯的expresso（可能是即溶沖泡的，或是賽風壺煮出來的），用烤土司機跳出來的淡寡的三角形土司、粉紅色的薄火腿、荷包蛋。老派咖啡店的店主通常是年長的阿姨，頭髮電得澎澎的，稍微佝僂的腰背，親手為客人端上茶飲。

和式又細分成兩種：家庭食堂類型的，拉麵食堂類型的。家庭食堂式的——唷，可好吃了，是我菜市場食堂中的最愛。用味醂和醬油煮得甜甜的魚卵、煮魚，玉子燒、炸蝦、高麗菜絲，和上面打上一顆生雞蛋的好吃的白飯，最好吃了；住附近的老先生老太太也會散步過來吃早餐，配食堂當日的報紙以及電視。拉麵食堂就是吃濃厚的拉麵，有時候也附上叉燒肉販，重鹹口味讓男子漢們都吃得十分滿足。當然，這樣的店家幾乎都是男性們的吃食場域；基於形象管理的考量，女孩子建議還是別單身去吃比較好。

下回逛完市場，不妨鼓起勇氣，拉開木門、掀起布簾，大口大口通達地品嘗在地滋味吧。

原載於《中國時報》人間副刊，二〇一七年一月十八日
後收入《深夜女子的公寓料理》，臺北：二魚文化，二〇一七

廚房

廚房裡的宇宙

王悅崴

本名王嘉慧。江蘇人，臺北生長，旅居法國，在地中海沿岸的潟湖沼地區有一幢小屋，由以前的野鴨獵人與漁人之家改裝而成。在臺北曾為媒體人，任職報社並主持廣播節目，在海外從事中文教學、中法語口譯及寫作。曾獲梁實秋文學獎。出版著作有：《拉荷歇爾 La Rochelle》（大塊文化）、《用心看世界》（泛亞文化）等。

「一回一個世界」

——亨利・大衛・梭羅 Henry David Thoreau

「Eureka！」（我發現了！）

廚房面南。

南向斜簷下，整面牆都是窗，自及腰的高度一共開著六塊窗，窗前是常春藤綠籬，籬後是鄰家平房的山形簷。時序一入冬，綠牆上開起奶油色的球狀花絮，一整個冬季的蜜蜂都來嗡嗚採食。

而北緯短暫的冬日就幽幽轉入我的老廚房。

這同時充當為玄關、餐室、廚

房以及冬日溫暖的起居室的屋子，本是老房子的簡陋一翼，在老屋建成之初（也就是梭羅在北緯同度的新澤西州遇見惠特曼那一年），此處只是一個半露天的鄉野獵人餐室，餐風夙雨、勉能遮陽，爾後，才在一個多世紀的光陰裡，逐漸修成一間能擋風遮雨的側室、一間陽光房。

一年四季，陽光沿著或高或低的不同軌道，以或狂猛或溫柔的力道，撫摸老廚房裡的餐桌餐椅、桌上的杯碗書本和地上橙褐色的老石板，冬日，午間時分，沒有哪裡比這裡更使人不忍離去的了。尤其是經過一上午在拉著窗簾的電腦桌暗處工作後。

我會來到廚房，為自己準備一道簡單的午餐。往往是快煮個麵飯，佐以前晚剩菜，因為，此時，在此地，最單純的食物都會有著最深美的滋味，也因為此時，在此地，食物只不過是整個奢華享受的一部分。

一頓飯的光陰間，背後窗櫺的直影幽然越過餐盤前打開的書頁，在受冬陽愛寵的餐桌上跑過；盛夏時一不小心就會把桌面曝曬褪色的烈陽，此際只正好盛開在鄰家的房頂上，像一朵害羞的花兒，緩緩移向後院的老松那邊。

將沒有炎炎夏日的午後涼陰，因為，彼時高掛老松之上的太陽，此際卻會越來越墜入松的樹冠之下，穿過低垂的松枝，將愈漸濃郁的午光送入廚房，把我書頁漸漸染橘。

此際，身在這古老小室的人，似乎也格外易感染宇宙與光陰的心情，感到自己身在一座運轉的小行星上，於無盡大宇間，遵循著某種恆常而秘密的律法，在他的小小存在裡，也繞著圈圈，安定前行並困惑著。

無數先人曾嘗試將這個宇宙定義，為我們的所在找出確切座標。彷彿那樣便能知道我們為什麼在這裡、又負擔著什麼樣真實的秘密任務。

在克普勒（Johannes Kepler）的時代，人們只曉得有六顆行星，克普勒偶然間發現，土星與木星（也就是當時所知太陽系的最遠兩顆行星）的軌道有著秘密的關聯：似乎可將一個等邊三角形嵌入這兩顆行星之間，也就是說，兩星軌道的圓周大小，正像俄羅斯娃娃那樣，一個套一個，呈現一比二的倍數。因為一個最簡單的等邊形，克普勒興奮以為自己破解了上帝的密碼，他相信上帝是一個講求邏輯與秩序的數學家，所以隨即接著想將等邊四角形、五角形與六角形分別嵌入火星、地球、金星與水星之間的軌道，然這張理想的上帝的藍圖，卻怎麼也兜不攏實際的計算。

克普勒又花了多年光陰才恍然大悟，宇宙是三維的立體空間，以二維的平面圖形計算，自然套不進去，而這時，他發現，歐幾里德所證明的宇宙完美正多面體恰恰只有五個，而我們一共有六顆行星！

這次他滿心以為不會錯了，可是，克普勒不知道有天王星、海王星與冥王星，也不知道宇宙並不遵循他所相信的完美球形軌道，卻是不完美的橢圓形。

所有觀測與追求真理的眼光，都只能註定是偏頗的。

午餐時光，我的心智總是分外清明，雖不忘食但卻廢寢，迫不及待在餐盤後展開書頁，更感到對那個終極秘密的探訪渴望。梭羅低頭在樹葉與種子間找尋那個秘密，克普勒舉頭在行星間尋訪，至於像我這種什麼都愛好卻什麼也不精的玩票人生，大概只能幻想在白日夢的餐盤間大喊：Eureka！

本地亞洲超市新到貨的三角形河粉片，外型使人會心、而口感令人驚豔，具有著一般細長粿條所沒有的獨特咬勁與風味。一包半透明的等邊三角形，倒入水裡一滾，紛紛向著自心捲曲成白色的圓筒狀，撈起、過涼水、下炒鍋，與冰箱裡少許豆乾肉絲剩菜一起，快快過油；醬油、青蔥與幾下鍋鏟，起鍋時，或者幾滴麻油、一點辣醬，鄉愁與記憶的氣味。

就像其他午間的飯、麵、湯、快炒、燒牛腩、滷白菜一樣，這一道炒河粉片也是這老廚房的新菜。在那鄉野獵人們圍坐草棚、暢飲鄰近葡萄釀就的美酒，而盤中裝著野鴨肉或蒜煮河鰻的時光裡，老屋可從不曾嗅聞過醬油、麻油、辣椒醬、魚露或爆香的芬芳。有時，在午後最寂謐的片刻，我覺得那些老靈魂彷彿穿過時空，從砌著石塊的厚厚牆裡好奇對我窺視；有時我有深深的感受，覺得這些靜謐的午間時光、攤開在自己面前的書頁與它們的內容，彷彿如夢似曾相識。

彷彿曾有另一回，我早已曾坐在此處、在某個特定傾斜的日光角度，閱讀著某一頁相同的書。

平行的宇宙？蟲洞後的世界？

會不會，就在我面前這盤被午光掩映得立體生動的炒河粉中、在這一捲捲美味的米磨小圓筒裡，就偶然躲藏著一個蟲洞，在洞的那端有著波赫士的時間？

我曾在波赫士那裡找到一種關於宇宙的更神秘的說法，那種來自佛教古老論述的說法，大意是：一個生命的存在期間，和一個意念的持續時間，都僅是車輪旋轉前進的觸地剎那；在大宇的尺規下，一個生老病死的生命與一抹霎時流轉的意念一樣短暫、一樣不可定格不可計數。

你可以說那永恆的車輪不斷前行、亦可說它不斷地重來，每一次接觸地面又快速離去，片片點點飛逝緊隨不可分割，每一點都難以追返擁抱、每一點都註定又將再來……

斜陽在後院外落入了低處的雲層，墜落前，彷彿回聲般向這邊射出一陣奇彩金光，就像每一次那樣，光彩與前日絕不一致、但回音卻相同；就像每一個這般的午後，我歎息光陰它怎麼這麼短暫，即使它根本就不存在。

原載於《中華日報》副刊，二〇一七年三月十六日

民國太太的廚房

〈張愛玲的美食地圖〉與〈胡適的獅吼牌燒雜燴〉

李舒

復旦大學新聞系碩士畢業。前媒體人，現在是作家兼創業者。

嗜讀舊報，碩士研究專題是民國時期的報刊，寫了幾年的美食專欄，曾擔任美食雜誌《悅食Epicure》的媒體總監。另有微信公眾號「山河小歲月」，專門寫民國歷史軼事，讓課本上的人物褪去大師的光環，從故紙堆中回歸成有血有肉的平凡人。她深信食物有種巨大的力量，吃的背後是人的各種記憶，所以研究食物其實也是研究人。

自述好讀書不求甚解，好唱戲不務正業，好八卦囫圇吞棗，好歷史走馬觀花，好美食不遠庖廚。著有《藝術巨匠趙孟頫》、《方召麐》、《山河小歲月》。在《Vista看天下》、騰訊「大家」、「入流」等設有專欄。

張愛玲的美食地圖

說起點心，張愛玲當然是內行，周瘦鵑去看望她，一下子被下午茶的陣容驚呆，「茶是牛酪紅茶，點心是甜鹹俱備的西點，十分精美，連茶杯與碟箸也都是十分精美的。」胡蘭成也說她「每天必吃點心，她調養自己像隻紅嘴綠鸚哥。」她對於點心的熱愛，實在超過了主食。說到中餐，張愛玲便算不上是行家，去舅舅家吃飯，記得的只有一道炒莧菜，「烏油油紫紅夾墨綠絲的莧菜，裡面一顆顆肥白的蒜瓣染成淺粉紅。」她甚至有些偏食，比如吃麵，哪怕是杭州樓外樓的螃蟹麵，也還是「吃掉澆頭，把湯潷（瀝）乾了就放下筷子，自己也覺得有點造孽。」」

她筆下的主人公吃得也隨意。《怨女》裡「銀娣火起來自己下廚房，教女傭炒菜，省油，用一隻毛筆蘸著油在鍋裡畫幾道」是典型的「上海人做人家（節儉）」風範。《半生緣》裡寫世鈞到曼楨家，「顧太太臨時添了一樣皮蛋炒雞蛋，又派孩子去買了些燻魚醬肉，把這幾樣菜都擁擠的放在世鈞的一方。」燻魚倒是張愛玲的最愛，她小時候跟私塾先生念書，把《孟子》裡的「大王事獯鬻（匈奴古稱）」記成「大王嗜燻魚」，可見愛死了這一味。可是皮蛋炒雞蛋，這也許便是張愛玲的臨時起意了吧，這樣充滿創意但實踐性差的菜，在張愛玲的作品裡還有不少，比如〈小艾〉裡的「洋山芋切絲炒黃豆芽」。

這顯然是因為她沒有做飯的經驗，即使是胡蘭成，也從來沒有吃到過張愛玲親手做的飯菜，所以遇見會做飯的范秀美，就一頭栽進去。在張愛玲去世後，她晚年時唯一交往的朋友林式同去給張愛玲收拾遺物，發現她並不用通常的碗筷，「廚房裡堆了許多紙碗紙碟及塑膠刀叉，吃剩的電視餐，連盒帶刀叉統統塞進紙袋裡丟掉，有些買來的金屬刀叉也逃不了被丟的命運。她不常煮東西吃，鍋子都很乾淨，不怎麼用，還留下些全新的。用得最多的算是那小烤箱了，又破又髒。她也喝濃咖啡、茶，有咖啡壺。」「廚房裡唯一剩下的是一鍋草藥，名叫『Senna Pods』，是從墨西哥進口的，據說是為了醫眼病。」林式同去開冰箱，冰箱裡「也有一大桶霜淇淋，最顯眼的，莫過於那四五大包ENSURE營養煉奶了。」那種營養奶昔我曾經在紐約的超市裡見到過，如獲至寶一般買了，卻不好喝，有種奇怪的厚重感，在喉嚨裡下不去，據說也不應該多喝，因為添加劑很多。但張愛玲靠這個補充營養，還曾因此喝壞過肚子。

在異鄉的張愛玲著魔似地尋找著在上海時的吃食，一九九一年，她讀了汪曾祺寫的小說《八千歲》，忽然恍然大悟戰時吃的「炒」爐餅，其實是草爐餅，那種「乾敷敷的吃不出什麼來」的草爐餅，也引起她那麼多的感慨。她甚至在超市裡買華人做的蔥油餅，這是她從前和姑姑最喜歡吃的早飯。撿垃圾的女記者翻到張愛玲的垃圾裡有「幾只印了店招的紙袋子。有一種劉記蔥油餅標明了使用蔬菜油加蔥花（素油），橙色油漬透的紙片，用黑鋼筆冶水寫了蔥油餅，一塊九毛五，是老鄉的招呼，兩張餅盛在一只淺黃保麗龍托盤，她現在一定已經強迫自己戒食綠豆糯糍、南棗核桃糕……改吃一點兒蔥油餅，極端的柔豔更形柔豔，在最後一點吃的自由上，極勉力與自己的牙齒妥協，真正的委曲求全。」

值得想念的還有豆漿，這個習性，張愛玲一直沒有忘掉，後來居然還成了一個念想。香港歸來後的張愛玲，在其所發表的第一篇小說〈沉香屑．第一爐香〉裡頭，就借著那葛薇龍要回上海的鬧騰宣洩了一回：「牆上釘著的美女月分牌，在美女的臂上，母親用鉛筆濃濃地加上了裁縫、薦頭行、豆腐漿、舅母、三阿姨的電話號碼，她把手揪著床單，只想回去，回去，回去……」豆漿不像牛奶，有牛奶房可以提供常年訂、挨日送的服務，張愛玲和姑姑就讓開電梯的司機去住所近處買：「托他買豆腐漿，交給他一只舊的牛奶瓶。陸續買了兩個禮拜，他很簡單地報告道：『瓶沒有了。』是砸了還是失竊了，也不得而知。再隔了些時，他拿了一只小一號的牛奶瓶裝了豆腐漿來，我們問道：『咦？瓶又有了？』他答道：『有了。』新的瓶是賠給我們的呢還是借給我們的，也不得而知。」

到了最後，她還和自己在〈童言無忌〉裡寫的一樣：「我和老年人一樣，喜歡吃甜的爛的。一切脆薄爽口的，如醃菜、醬蘿蔔、蛤蟆酥，都不喜歡，瓜子也不會嗑，細緻些的菜如魚蝦完全不會吃。」蛤蟆酥是張愛玲的母親喜歡的吃食，「我母親從前有親戚帶蛤蟆酥給她，總是非常高興。那是一種半空心的脆餅，微甜，差不多有巴掌大，狀近肥短的梯形，上面芝麻撒在苔綠底子上，綠蔭蔭的正是一只青蛙的印象派畫像。」

這樣的蛤蟆酥，我曾經在蘇州著名的文魁齋買過一塊，拆開來看了許久，上面確實綠瑩瑩的一片，原來是海苔粉末。哎！我就是不甘心，復又左看右看，上看下看，仍不似她文字裡的那隻青蛙。

胡適的獅吼牌燒雜燴

女人不怕兇，只要有獨門祕笈，男人照樣受用。比如胡適先生家的「太太協會會長」江冬秀，獅子吼完，端出一鍋十全大補湯，這叫「胡蘿蔔加大棒」政策。

胡適家的餐桌，一年四季都是熱騰騰的，簡單的一個雞蛋，從蛋炒飯到茶葉蛋，江冬秀總能做得不重樣。不僅自己吃得好，來了朋友，更能拿出讓人瞠目結舌的大菜，讓愛面子的胡適分外高興。

比如一道燒雜燴，全國都流行在請客最後吃這道湯菜，是花團錦簇的熱鬧，也有宴會即將結束的暗示。一八九六年，安徽人李鴻章出使美國，宴請美國官員，宴席中便有燒雜燴。美國人吃得讚不絕口，便問菜名，不內行的翻譯誤作「雜碎」。這件事傳揚開去，美國人居然把「李鴻章雜碎」做成了一道菜，甚至還發明了「雜碎」（Chop Suey）這個詞。梁啟超在一九〇三年遊歷美國，發現當時的紐約，居然有三四百家雜碎館，全美華人以雜碎館為生者超過三千人。不過，這個「雜碎」已經不是李鴻章最初的燒雜燴，梁啟超在文中寫道：「然其所為雜碎者，烹飪殊劣，中國人無從就食者。」

胡適家的燒雜燴，和李鴻章的差不多，不過名字更氣派，叫「一品鍋」。胡適的朋友石原皋三十歲生日，單身在外，江冬秀就熱情地邀請他來家做生日，呼啦啦來了兩桌人。當日的菜餚中，最著名就是「一品鍋」。這是一只大鐵鍋，口徑差不多有二尺，熱騰騰地端了上桌，裡面還在滾沸，一層雞，一層鴨，一層肉，點綴著一些蛋餃，底下是蘿蔔白菜。胡適笑著向客人介紹，一品鍋是徽州人家待客的上品。江冬秀還會不時變換「一品鍋」的菜式，又有一次待客，依舊是「一品鍋」，裡面有三斤重的一隻大母雞，三四斤重的一隻蹄膀，三十六個雞蛋，客人們都吃得興高采烈。

燒雜燴之所以能流行，貴在豐儉由人。動植物、水陸俱陳，可高檔，又能普通，有葷有素，琳琅滿目。安徽的「一品鍋」到了揚州，名字便改為「全家福」，上海人的雜燴砂鍋裡，一定要有的是蛋餃，正如張愛玲在《半生緣》裡寫的那樣「蛤蜊是元寶，芋艿也是元寶，餃子蛋餃都是元寶……」討的乃是一個口采，張愛玲的文章裡滿是美食，自己卻並不會做飯，和胡蘭成熱戀時，招呼胡蘭成的兒子，也不過是拿了兩片吐司，抹上滿滿的花生醬。胡蘭成有時和張愛玲約會，還得另外去巷口吃碗餛飩，這樣的愛情，恐怕注定走不遠。

靠做飯抓住男人的心，這招當然並不完全管用。江冬秀做個荷包蛋，胡適都會在友人面前大肆吹噓；朱安的手藝恐怕並不在江冬秀之下，還經常為了魯迅的胃病量身訂製菜餚，但魯迅的心終究在許廣平那裡。另一位著名女文青蕭紅除了在寫作上是個天才之外，也特別擅長做麵食，她包的餃子，魯迅非常喜愛，在病中也能多吃幾個，她關心著愛人蕭軍的飲食，卻也不能挽回蕭軍偷跑出去會情人的頹勢。丁玲到延安後，嫁給比她小的崇拜者陳明，家裡的所有家務都由陳明負責，只為了讓「女神」可以安心寫作。

所以，我們只能這樣下結論，女人不怕兇，打一巴掌之後給甜棗吃，被打的那個揉揉面頰悄悄吞吃下去，之前的疼便在味覺的刺激下漸漸淡去，這樣的男人，多半還是心寬的好人，找到，千萬不可錯過。

原載於《中華日報》副刊，二〇一七年六月二十九日
後收入《民國太太的廚房：一窺張愛玲、胡適、朱自清等文化大師的私房菜》，臺北：圓神，二〇一七
原收錄於簡體版《民國太太的廚房》，楚塵文化，二〇一六

麵茶與茶湯

施昭如

國貿系畢，現職學非所用秘書職。人生似乎是這樣，不見得學為所愛或致用。

職場二十年，一事無成。時間在工作與家庭之間竄走，活得狹隘，時有話想吐心中塊壘，唯以文字來傾聽。

後來發現，寫作是一種革命，現正在革自己的命。

近期文章發表於「華副」。

就沖麵茶，水一定要滾燙夠熱，才能將麵茶的香味逼出來，滾水直沖碗內，一次完成沖勻攪拌麵茶。若是滴滴答答注入，水太少溫度降得快，麵茶不易攪開拌不均勻。

滾燙的水能使麵粉糊出芶芡的效果，再淋上白或黑的芝麻，濃稠稠的香香甜甜的氣味四溢。我喜歡家鄉這古早味。次次沖泡麵茶時，總被碗內蒸騰白霧的熱氣迷濛了視線。這也讓我常想起與K的那段從前。我願這絲絲縷縷的煙捲，飄散到後窗外遠方的那片山嵐，漫漫到K那裡。我想告訴他，這裡的麵茶也很好吃。

我買的麵茶，是老師傅採用篩選過的有機麵粉，放入炒鍋中，在小火下，師傅持鍋鏟不停地翻動拌炒，至香氣泛出，最後再加入豬油、糖與堅果再炒，直到呈現花生般的金黃色。用料很簡單，微微焦香氣味入嘴裡，口感一點都不比茶湯差。

我的目光隨碗上升騰的煙霧漸飄漸遠而去，窗外山嵐的色澤也因隨雲煙繚繞而顯得越遠越淺。就像當年K的走遠……。

K是愛喝茶湯的。那年與K約在北京見，假日裡我同K在胡同裡走逛，聽見小販走街串巷叫賣，那吆喝聲斷不了、停不下來。小販長竿挑著由兩塊菱形木板帶紅穗組成的幌子，木板上分別寫著「茶」、「湯」二字。幌子旁邊的檯子上座著一個特製的大銅壺。騰起的熱氣，吸引我倆走去。近身看，大銅壺金光鐵亮，壺身鑄著一條遊龍，龍口就是壺嘴。

K問：這賣的是啥麼東西啊？師傅。

小販扯大嗓音唸著一段詞：「清晨一碗甜漿粥，才吃茶湯又麵茶」。我賣的是傳統風味小吃「茶湯」。而說起這只大壺可厲害得很，十公斤的壺身，可裝盛四十公斤的水，有容乃大，凡來北京旅遊啊，得吃過他賣的茶湯才算來過。而這只龍嘴大銅壺沖出的茶湯是全北京最到味最好吃的。

K說，師傅，來二碗。

這位師傅把糜子麵（俗稱黃米麵）食料放入碗內，約八分滿，再添上桂花滷與白、紅糖，一手執碗，一手扶壺柄，雙腳撇開，來個立馬半蹲式，穩住，左手的碗在壺嘴邊等著，那水傾刻沖出，師傅持著碗，一會拉遠一會拉近，全然掌握著滾水穩定注入碗內，一次完成沏出糊狀。師傅專注的神情，利索的動作好似街頭表演者，看得我與K瞠目結舌。茶湯呈現黏黏糊狀的褐黃色，師傅再蘸上芝麻、核桃仁、葡萄乾、青絲、紅絲，好吃耶！味道甜香濃醇，綿稠般細緻的口感。

我還沒吃完，K已喊著要師傅再來一碗。還嚷嚷著以後要天天來吃。

這是我第一次也是僅此一次與K喝茶湯。

之後，隨國內政策開放西進，K將事業重心漸移至彼岸那端。一開始還會半年回來幾天，最後K終於選擇定居在北京。除了距離外，K與我，早在彼此的眼中看見了各自不一樣的天空，我們之間漸行漸遠。

至今，每當沖泡麵茶時，我還是會無緣由的想起那次與K在北京的相聚。然而，我知道，這股白霧蒸騰的思念香氣，飄不過黑水溝，K是收不到的。

原載於《中華日報》副刊，二〇一七年七月十二日

小卷與蛤蜊

林蔚昀

1982年生，臺北人。多年來致力在華語界推廣波蘭文學，於2013年獲得波蘭文化部頒發波蘭文化功勳獎章，是首位獲得此項殊榮的臺灣人。著有《我媽媽的寄生蟲》、《回家好難》，譯有《鱷魚街》、《給我的詩：辛波絲卡詩選1957-2012》、《黑色的歌》、《向日葵的季節》等作。

經過早市，看到一個魚攤子在賣小卷與蛤蜊。它們看起來實在太漂亮了，所以雖然我沒有親手料理海鮮的經驗，還是忍不住一時衝動把它們帶回家。

身為島國子民，我吃了那麼多年海鮮卻不會料理，聽起來不可思議，但這是真的。小時候住在家裡，掌廚的人是爸爸，買魚、煮魚湯、煎魚的人都是他，我和媽媽只要負責吃，一邊聽爸爸細數料理的眉角，然後在適當時機拍手讚美。家裡常吃的魚有馬加（多年後我才知道那就是魠）、馬頭、午魚、鮭魚等，海鮮類則有蛤蜊、蝦、透抽。

餐桌上的海鮮對兒時的我來說是理所當然的，就像在家裡什麼也不用做就有飯吃，也是理所當然的。到國外求學生活後，我才發現這一切都不是我想像中這麼理所當然。要有魚，得先有海有河；要有錢，才能把魚買回來。買到好魚是一門學問，而料理魚的技巧，也是要下一番苦功才能獲得。

因為覺得魚不好料理，也不知怎麼挑選，我在英國時，幾乎沒有料理過整條魚，頂多是魚片。有一次在朋友家吃到她做的鮭魚西京燒，十分美味，於是就學了起來，成為我少數會做的、可宴客又可自用的魚料理之一。

某日在倫敦，我突然心血來潮想喝魚湯，而且要用整條魚做。我跑到超市的魚攤東挑西挑，終於看上一條貌似安全的紅魚。我滿心歡喜地拎著魚回家，還買了青蔥和豆腐，回家後迫不及待把魚洗淨，在我的單人套房裡燒水煮味噌湯。

煮好的魚湯讓房間裡充滿了蒸氣和香味，彷彿讓我回到臺灣家裡的廚房。我舀起一瓢湯喝下，不錯，有魚的味道，很鮮甜，再嘗一口肉，也很細緻。但是……怎麼有一點刺刺澀澀的感覺？仔細一看，才發現魚沒有刮鱗，一鍋魚湯裡就有半鍋透明的、有如打翻亮片的魚鱗。我在心底慘叫一聲，但是既然已經煮好了，不忍心浪費，只好硬著頭皮喝下，一邊喝湯一邊吐鱗，吃完也破了一嘴皮。

有了這恐怖的經驗，我在英國就再也沒碰過整條魚的料理。後來到了內陸國家波蘭，鮮魚得來不易，更別說海鮮了。但是，生活中看不到海、魚和海鮮，反而意外地喚起了我對海洋及海鮮的思念。我開始會用冷凍吳郭魚、鯰魚、比目魚炸魚排，做鹽烤鱒魚，或者去專門賣魚的商店要剩下的魚頭、帶碎肉的骨頭做魚湯。當我想吃魚又懶得下廚時，就買條煙燻鯖魚，撕去金黃色的魚皮，徒手把魚掰成兩半，再把骨頭從帶著玉色油光的魚身上卸下來，慢慢地一點一點吃著有如花朵般纖細，又有著煙燻乳酪般強烈味道的魚肉。

回到臺灣面對排山倒海而來的各種魚類海鮮，多年來很少吃魚、很少碰魚的我被這盛情嚇得不知如何是好，雖然感動，但也怕自己沒能力選擇魚、料理魚，所以遲遲未上超市買魚，對於傳統市場更是只敢遠觀不敢褻玩。這面對所愛矜持小心又膽怯的態度，竟然和我以前在國外不敢走進喜愛的咖啡廳或海報畫廊如出一轍。

時間就這麼如廚房裡的洗碗水嘩啦嘩啦又冷漠疲倦地流過，我也慢慢退冰了。回到臺灣的第十個月，我終於在偶然之下走入菜市場，買了小卷和蛤蜊。

然而，小卷蛤蜊不比咖啡海報，不是喝掉或貼在牆上欣賞就好了（蛤蜊還是活的！）。根據江湖（網路）傳言，蛤蜊是一種纖細敏感的生物，如果鹽水濃度不對，或是周遭太亮太吵，牠就不肯吐沙。我曾經在網路上看過沒有吐沙的蛤蜊，把一鍋好好的湯變成泥漿溫泉，心裡十分恐懼，還是先打了電話給我爸媽，請示要如何處置。

接電話的人是我媽，聽到我要煮蛤蜊湯和小卷，似乎感到很稀奇。「妳就放到電鍋的內鍋裡面啊，要加鹽。」「那要加多少？」「水不要加滿，鹽就先放一、兩匙，妳可以喝喝看鹹不鹹，像不像海水。」「那要泡多久？牠們什麼時候會吐沙？」「泡到晚上吧，吐沙喔……就看牠們高興。」

抱著這些看似有用又好像無用的建議，我把蛤蜊放到鹽水裡，靜置在流理臺，但又忍不住三不五時跑去看牠們一下，彷彿每隔幾分鐘就去看入睡的孩子是否有在呼吸。當我終於看到蛤蜊們伸出小小的「腳」，吐出泡泡和黑色的細沙，或是微微動個一、兩下，真是感動到不行，心裡有個聲音在尖叫：「牠們真的是活的耶！」

不過，活生生的蛤蜊在幾個小時之後，也在滾燙的豆腐白菜之間死去，成為鮮美清甜的蛤蜊湯。至於小卷，我沒有照我媽媽的建議用汆燙的，而是放到電鍋裡和飯一起蒸，口感依然脆嫩，並且有海的味道。

和老公小孩吃著這充滿海味的晚餐，我有了一種終於回到臺灣的感覺，而且不只是回到以前離開的地方，而是比以前更貼近了。

原載於《聯合報》聯合副刊繽紛版，二〇一七年七月十九日
後收入《回家好難》，新北：木馬，二〇一七

煮食・煮時

夏夏

有小說《末日前的啤酒》、《狗說》、《煮海》、《一千年動物園》。

詩集《小女兒》、《鬧彆扭》及編選《沉舟記——消逝的字典》、《一五一時》詩選集、《氣味詩》詩選集。

戲劇編導作品《小宇宙跳舞》、《大海呀大海》、《小森林馬戲團》、《煮海的人》以及戲劇聽覺作品《契訶夫聽覺計畫》。

連假 Day 1

我老是忘記刮鬍子。

如果拖兩三天倒還好，勉強還能用刮鬍刀剃乾淨。但如果再多個半天，鬍子就會像雜草一樣東倒西歪，這時候還得出動小剪刀，邊剪邊刮，花不少時間。只好盡可能提醒自己，要天天刮鬍子。刮鬍刀也要勤於充電，才不會臨陣磨槍，父親會失了耐心。

刮鬍子這件事似乎成了計日器，一天兩天的時間代換成短短的鬍渣，我常常邊刮邊對父親說，鬍子長這麼快，智慧有沒有跟著長呢？父親會笑著說，可能沒有喔。

刮完鬍子，隨即準備今天的晚餐。考慮了好幾週，終於下定決心買了現成的番茄糊，想試著煮番茄肉醬。義大利麵中，白醬和白酒清炒是我最愛的口味，經常做來吃，海鮮或雞肉都很適合搭配。但做久了之後，也想挑戰新口味。

先下蒜頭洋蔥炒香，加入絞肉繼續拌炒，末了再撒一撮迷迭香，最後加上兩色鴻喜菇，倒入番茄糊，蓋上鍋蓋繼續悶煮。另一邊的爐子則煮起麵條，同時準備等一會兒要盛麵的碗盤。因為兩個瓦斯爐都在運作，沒有其他火源可以煮湯，只得作罷。我家向來愛喝湯，就算不吃飯也想喝碗湯，而且是熱騰騰的。

煮食過程中，腦袋裡淨是算著下一個步驟，不停查看鍋中食材。快起鍋時便開始擺餐桌，準備藥品，先讓父親入座。幾個月下來，一天兩次針劑，快速抽換針頭，調劑量，施打胰島素的動作已然熟練。即使在外用餐，我們也能怡然自得地露出肩膀打針，不理會旁人側目。

連假 Day 2

冷凍庫裡的牛排已經放了好幾天，不吃不行了。

不時得檢視冰箱角落埋藏什麼食物，才不會因囤積而過期。只要天天下廚，各色蔬果肉品在冰箱內輪動速度相當快。遵從醫生囑咐，澱粉不能多吃，但為了達到飽足感，就依賴蔬菜與肉類填飽。

牛排先用蒜片乾煎，半熟後，切成條狀，方便稍後父親咀嚼。再轉移陣地到烤箱裡，撒上旅遊時買回的煙燻鹽、黑胡椒。等候的時間，端出前一天煮好的白飯，據說隔夜飯較不容易升醣，自此經常煮一大鍋白飯擱在冰箱裡，而料理隔夜飯的方法也就跟著進化出不少菜單。將大量香菇及其他蔬菜切丁，慢慢拌炒成燉飯，另放些香菇擺在牛肉旁一起烤，香氣更加濃郁。

飯後休息一會兒，哄父親出門散散步。最近剛生孩子的朋友在臉書上抱怨，每逢假日時，內心便掙扎著是否要帶孩子出去玩。平日上班已經累積疲勞，放假時難免想在家好好補眠，或賴著發呆荒廢一日，但卻苦了孩子一週都悶在室內，無處發洩精力。出門散步時，常看到外傭牽老者緩步，形同監獄放風，在小小的廣場繞圈子走路，走滿幾圈便又回家盹著。

還住在南部時，父親自已推開家門就在巷子裡踱步，偶爾走到橋邊看看水看看人。同一條巷子裡住著三、四十年的鄰居，大家都一同悄悄守望鄰里長輩，倒也不至於危險。北上後就無此便利。

父親個性固執，不願意繞圈子走路，我繼承不少這份固執，也就不勉強他，但為了避免日後肌無力導致無法行走，走路是必要的日課。每天下班後，掙扎於要不要出門散步，多想在沙發上躺一下。遇到假日就不能再賴皮，一定得出門走走。短程的話，就拖著買菜小推車，牽父親步行到附近買菜，順便帶點小零嘴兒豆漿果子等，走累了就剁幾口來吃，算是一舉數得。

連假 Day 3

避開用餐時間抵達購物中心，美食街依舊充滿人潮，孩子們到處跑跳，分不清誰是誰家的爹娘，大抵上都是來遛小孩的家庭。幾個簡陋的拍照造景，毫無間隙地輪著供遊客擺拍，樓梯底端的空地有街頭藝人演奏膾炙人口的歌曲形成更加喧鬧的背景音，孩子們的嬉戲尖叫聲也就不這麼明顯。

我們幾乎沒辦法好好走十步路，不時被前方的人擋住，或是因臨時攤位而須繞行，沒多久就累了。其他長者乾脆坐輪椅，讓家人推著走，但想起醫生囑咐要多走路，只得繼續走走停停。好不容易逛完一圈，沒考慮其他樓層，就快速逃離商場，馬路上反倒清靜些。

住在人口稠密的區域，假日能去的地方真的不多，賣場和公園皆飽和，也難為了那些家長。

回到家中翻看冰箱，白飯已吃盡。這回淘米煮飯，順道放了臘腸，打算做臘味飯。電鍋啟動後，便燒了熱水燙青菜。

早上出門前先放了各色物料到大鍋裡，回到家時已經滷成誘人的褐色。揀了今天要吃的，切片，其餘放冰箱，預備接下來幾天隨時能端出來享用，滷汁還能拌飯拌麵。

對了，吃完飯記得刮鬍子。

連假 Day 4

一年來已習慣一起床就往廚房鑽，一改過去怕冷的症頭，就算寒流來襲也不覺得水冰，只想快些弄出熱食。趁父親還熟睡，備齊酒、鹽、香料，加上友人從寮國帶回來的特產胡椒，快手快腳醃製鹹豬肉，擱在冰箱三天後，只要稍微烤一下，就能上桌。收衣服、刷馬桶、掃除等工作一旦累積多日就會多得讓人卻步，對付的方法還是勤於打掃，採購清單也要時時記上，不然好不容易抽空購物，落東落西的話還得多跑幾趟。

再次查看冰箱，連假第一天做的番茄醬料還剩著。蒸了馬鈴薯，淋上去。我喜愛吃焗烤，又再另外做一盒撒上起司，進烤箱。濃湯收納了各種蔬菜，紅蘿蔔、洋蔥、玉米、豆子、杏鮑菇、白菜等，打個蛋花。

飯後又做了幾鍋吃食，準備應付接下來上班日的三餐。

父親喜歡在旁邊看我下廚一面閒聊，常說，媽媽要是看妳這麼做飯肯定很高興，因為她最不會做飯了。說完自個兒笑得很開心。轉身又掰了一顆蒜頭解饞。

碗盤洗淨後難得的空閒，坐在窗邊看書，只要能抓住時間，一週看完一、二本還是可以的。

而空檔的空檔，如果還沒睡著，才有可能逮著機會寫那麼一點字句。這些字句，通常就在熱火鍋爐和家事間，在工作和通勤時，逐一落在心上。

原載於《聯合文學》三九〇期，二〇一七年四月

食處

魚生

王盛弘

彰化出生、臺北出沒，寫散文、編報紙。散文曾獲中國文藝獎章等二十餘個獎項，為各類文學選集常客，多篇文章入列大專院校通識科教材；著有散文集《十三座城市》、《大風吹：台灣童年》、《花都開好了》等共十本書；主編《九歌106年散文選》。目前為《聯合報》副刊副主任，曾獲報紙編輯金鼎獎。

眾人甫於津田鮮魚店落座，即刻爆出一陣歡呼鼓譟，酒還沒上桌呢，否則肯定要相互碰杯，一飲而盡了；我順著一支支手機鏡頭瞄準的方向，轉過身去仰望懸在天花板下方的電視機，一男一女兩名主播說了些什麼是聽不清楚的，但螢幕右下方一個反白區塊，顯示著「仙台‧台北便　運航開始」，這不正就是我身在其中的這個臺灣媒體團成行的目的嗎。

早上十點鐘，當飛機著陸，徐徐往停機坪前進時，等在小平頭草地上相對的兩輛消防車往空中噴出水柱，讓強風掃成雨霧，草地上方浮水印般冒出一截彩虹。我望著舷窗外機身緩緩穿過水門，淨身、洗塵，心想這是預防傳染病境外移入，因此在對飛機消毒嗎？不過，我遲疑了，那飛鳥呢？

正尋思著，鄰座一名資深旅遊記者自顧自地解釋了起來。他說，就像新船下水擲瓶，這是飛機首航的儀式喔——得自悠久的航海傳統，當老船長即將退休，完成最後一次航行返回港口時，引導船便會朝這艘船噴出水柱，以示對老船長的敬意。可是啊，他笑了起來，也發生過噴的不是清水而是泡沫，導致飛機必須徹底清潔的烏龍呢。

座位一條線自居酒屋深處直抵店門口，兩兩相向，由航空公司公關部門陪同，臺灣幾家重要媒體都派人與會了，日方則有服務於空港、觀光推進機構、縣政府的一眾職員出席，他們的穿著與白日相比，只少了條領帶。日方很巧妙地讓臺日人員交錯入座，大家都在生澀地練習著對方語言的你好第一次見面請多多指教，同時欠身交換名片；擔任翻譯的內山小姐則始終睜大眼睛一臉警戒，看哪裡有需要她的，隨時迎上前去。

爐裡的炭已經燒得火紅，熱氣一綹綹流竄，有了自己的意志似的。燒物尚未端上，坐我左前方的佐藤先生忙著為大家斟酒；先乾了一杯，清甜甘爽，這是哪裡產的？右前方清水先生邊為大家斟上第二杯，邊說：這是岩手縣北上山的酒。清水先生學過中文，足以應付日常會話，他把握住機會對我們宣揚：在日本，不准進口白米，稻作收成後由農協高價收購，再平價賣出，政府透過這個機制保障農民權益；而東北，是日本米倉，出產許多名米，因為在這裡，一年只有一收，地力得以保持，加上水質純淨，格外適合釀酒。

跑堂端上一盤盤魚蝦花枝牡蠣等海產，擠滿了桌面，佐藤先生挽起袖子，動手烤了起來，看著前輩為大家服務，清水跡近惶恐，幾度出聲告罪，並試著接手，但佐藤不讓。儘管燒物看來十分肥腴鮮美，我卻提不起食欲，只能略做樣子表示禮貌，畢竟自凌晨四點集合後，兼程飛日，疲憊已在體內安家落戶。

早上一出海關，便在機場參加了對一眾臺灣媒體召開的記者會，隨後驅車前往餐館，以仙台名物烤牛舌當午膳，然後，一行人來到東北觀光推進機構，這是培訓觀光推廣種籽的政府單位。問的答的都是旅遊手冊與官網讀得到的資料，就比如說吧，請問某先生，東北有什麼觀光資源？答：我們東北啊，櫻花、新綠、紅葉、樹冰與溫泉，春夏秋冬不管哪個季節來都不會失望喔；對民俗活動有興趣的，則有青森睡魔祭、仙台七夕祭、秋田竿燈祭、山形花笠祭夏日四大祭典；談到吃啊，各地都有特色美食，我尤其推薦仙台橫丁的居酒屋，可以體驗到道地的日本居酒屋文化……雙方盡職扮演著各自的角色，也就有模有樣地完成了三刻鐘的拜會。

倒是某先生身旁坐一名年輕男性職員更引起我的注意——他在那裡，一句話不說，臉上掛著永恆的，蒙娜麗莎的微笑，使我聯想起歌舞伎演出時的「黑衣後見」，他們在那裡，為的不是被看見，而是不被看見，身手俐落地幫行動中的演員移動繁縟的後襬，或遮上道具，演員與觀眾也都有默契地當他們不存在。然而某先生太過於嫻熟他所要講述的內容了，而使得這個年輕男人及他面前的那疊資料，都沒派上用場。

離開觀光推進機構時，已經午後兩點多鐘，伙伴們找起咖啡，我在自動販賣機投了一罐充數。再一個行程就可以進飯店、準備用晚餐了，我們彼此打氣。

巴士抵達仙台城跡駐車場時，車窗外小跑步出現一名古裝人物，布衣、綁腿，腳下踩一雙草鞋界的比基尼——兩條細帶子繫著的那雙草鞋，只有半個腳底板大小呢。這個古裝人物自我介紹是松尾芭蕉時，我噗哧一聲差點笑了出來，又見他每在鏡頭對準時，便要將右腿懸空往後勾起，單腳站立，更添喜感，賣的正是大和民族最稱擅長的萌樣。平泉中尊寺有尊芭蕉塑像，清癯剛健，是走過長路的堅毅與強韌，最符合我的想像，不過啊，京都金福寺那尊芭蕉木雕，圓頭大臉、面頰豐潤，倒與眼前這名男人有幾分神似了。

松尾芭蕉是個文人，但他服「替代役」似地，被分派到伊達武將隊，與他的隊友伊達政宗、支倉常長、真田幸村等人現身仙台各地景點，和觀光推進機構相同地，負起了招攬旅客的任務；只見一隊人馬等著我們到來，便在城跡上把槍啊劍啊刀啊拳啊耍弄得煞有其事，遊客也都買帳，快門一聲聲霹啪亂響，表演結束後，又都興沖沖跑去跟他們合照。

晚宴就設在某先生推薦的橫丁的居酒屋，清酒一杯杯下肚，積累鎮日的疲累隨著酒精揮發而去，話愈說愈響，人與人的距離愈靠愈近，這個親暱附耳對那個嘰咕了些什麼，那個人便誇張地哈哈大笑直說對對對就是這樣沒錯，飽熟的孢子囊啵啵炸開，空氣中瀰漫著迷醉的分子，彼此勾肩搭背了起來，真有怎麼今天才認識你啊的遺憾……

海鮮一道又一道，有些吃生的有些吃烤的，還有煮的炸的蒸的，吃不下了吃不下了，面對佐藤和清水的殷勤款待，我只能擺手說等一下再等一下，卻在跑堂送上一架魚骨時，引發了好奇心，適時地身旁冒出一名年輕男人。啊，不就是下午一言不發的黑衣後見先生嗎，他拿起湯匙刮骨架間的紅色魚肉，不在上司身邊，他找回了自己的聲音：沒吃過吧，這是脊骨赤身，漁夫的私房菜。黑衣後見先生將湯匙遞給我，你也來試試。我學樣刮了一匙，送進口中，哇，好吃，真好吃，沒這樣吃過魚生呢。我成了代言人，一湯匙一湯匙地，將黑鮪魚脊骨赤身送進旁人的調羹上。有人砸嘴說Oishi有人說Umai。Oishi和Umai有什麼差別？清水支支吾吾地十分為難，轉身去請教佐藤，佐藤倒是阿莎力，豪邁地說，Wakaranai，不知道。這時佐藤接過一頂球帽，順手便安在我的頭上。

叮叮噹噹，叮叮噹噹，自廚房傳來一陣手搖鈴的叮叮噹噹，現身的不是聖誕老公公，而是身穿連身漁夫裝的一名年輕男人，他真瘦，扁扁的，像一朵花被百科全書壓過，五官也不突出，兩顆眼珠子靠得格外近，但是晶亮，神采奕奕。喧鬧稍息，似乎有什麼節目要登場了？我退到稍遠處以綜觀全局，就站內山小姐身旁。男人滿臉堆笑高聲說話，內山小姐以同樣的音量翻譯——競標要開始了，戴了有編號的帽子的人可以出聲喊價。我取下帽子端詳，上頭貼了一組號碼：404。

男人站上矮凳，一名少女跑堂捧著個保麗龍箱子尾隨而來，他自箱子裡，從尾部高高拎起一條魚，這是石卷港新鮮直送的魚貨，市價大約兩千日圓，我們就從一百圓開始競標吧。又搖了兩下鈴，便有人舉手，兩百，男人與少女一搭一唱地，嘴裡喊著、手裡比畫著，重複了兩百這個數字，三百、四百，眾人眼光左左右右隨著手勢望向競標者，氣氛很快沸騰了起來。有人取過我拿手上的帽子，重重壓在我頭上，八百，我看花了眼還沒回過神來呢，內山小姐便幫我喊了個數字；當數字突破一千，每有人再往上喊時，總會爆出一陣驚歎；很快地來到一千五百。一千五百，男人斷然喊停，手搖鈴聲大作，眾人都鼓掌叫好，我的肩膀被誰用力地拍了拍，喔，是我得標了嗎？回過神時，我向內山小姐確認。那條魚是你的了，內山小姐恭喜我。我遂也像贏得了什麼一樣，花火一朵朵盛開。

得標了，然後呢？內山小姐解釋，若是平常，得標的顧客可以在付費後指定烹調方式，但今天只是表演，玩玩而已。

黑衣後見先生愈發地醉了，已經不是下午所見那個陰柔、拘謹的小職員，他纏著一名年輕女記者說話，女記者問清水他說了些什麼，清水不願翻譯，滿臉堆笑說，不可以不可以，這個不可以翻譯。但從清水的表情猜得到，黑衣後見多半是吐露了什麼露骨的傾慕的話。到底說了什麼我無心深入探究，現在我只想先上個洗手間。

請教洗手間在哪裡？我問一身西裝革履，始終挺拔地站在店外的一名中年男人，他是內山小姐的同事，一整晚警覺地緊盯現場，哪怕突然從梁上冒出一名忍者，他也可以一把擒住加以制伏吧。解手後我在走廊間東轉西繞，這是個富有昭和風情的室內夜市，毗鄰著多家平價小居酒屋，比較起津田鮮魚店，其他店家有種懷舊與抒情的氛圍。最後我停步於一座大型水族箱前，隔著水族箱就是津田鮮魚店的台所，水波蕩漾中白袍廚師與跑堂沒片刻喘息。

碗大的一隻隻螃蟹被縛住雙螯堆在底層；一條海鰻緩緩游動，儼然是這座水族箱的老大，正在巡視牠的領地；兩條肥碩的什麼魚避開了海鰻，偏安一隅。惚兮恍兮，我似乎聽見梭狀魚一張一闔的嘴裡吐出「明晚也該你了吧」這樣的字眼，圓形魚回牠，我還沒準備好呢。梭狀魚又說，唉，這也由不得我們啊，你看比目魚平常潛伏在底部，靜悄悄的那個死樣子，一站上臺，不也拿手得很。圓形魚說，可惜遇上了記者團，沒能把自己賣個好價錢。梭狀魚又說，落入了這個玻璃箱，你也該早點覺悟，魚生於世，誰不是努力叫賣自己？兩條魚搖鰭擺尾，不再作聲，似乎陷入了沉思。而海鰻，仍然優哉游哉地，一張口便將一隻小指頭大小的蝦子給吞進肚裡去。

回座時，佐藤又叫了一輪酒，他開玩笑問我是不是尿遁去了，清水正一手戴護套、一手拿道具撬開一個又一個牡蠣殼，居酒屋裡仍然鬧哄哄的，只有黑衣趴矮桌上睡著了，裸露出後頸幾節嶙峋脊椎骨，皮膚上有刮過痧的紅色血痕。像什麼呢？一聯想到魚的背鰭就愈看愈像，尖尖的就要刺穿表皮了。

跑堂又端上一盤魚生，身邊幾個人對我喊著，給你的這是給你的，這是你用一千五百日圓標到的那尾比目魚。我接了過來，深褐色盤子裡鋪著白色半透明生魚片，一瓣疊著一瓣，疊成了重瓣菊花御苑白，優美得就像是個藝術品似的。

原載於《自由時報》自由副刊，二〇一七年三月六日
後收入《花都開好了》，臺北：馬可孛羅，二〇一七

職人現沖

二十年前房價尚未翻倍前的咖啡館

余永寬

出生於1966年，沒念過大學，「挪威的森林」、「海邊的卡夫卡」咖啡館創辦人，著有《煮杯好咖啡》、《從我們的眼睛看見島嶼天光》，偶而發表一些文字，走路看老房子，散步吃臺灣小吃。

溫室暖化，打亂了花期也打亂了重覆的時間感。花期混亂擔憂成真，一切都遲來就算了，戲劇館旁的四月雪的流蘇花竟然在今天缺席了。最冷的時候，也是咖啡館一年之中最溫暖的時光。滿樹滿地的山茶花開啓了大學城的花季，接棒的是不見一片葉子的山櫻花，而杜鵑，應該在三月初掉落，等著多情者在椰林大道上排出詩句。羅斯福路的天空接著在霧霾中佈滿大朵大朵厚重橘紅色的木棉花。溫州公園旁，一身華麗如少女婚紗的羅林魚木在初夏前不該延時怒放。夜晚離開咖啡館，在巷弄行走聞到的是梔子花和雞蛋花的濃香。畢業典禮前的午後總是一場又一場巴布．狄倫說的暴雨。雨季結束，一片盛綠，新生南路白千層樹開滿一顆顆針狀的白球。漫長溽暑，早上七點後的陽光宣示一天的統治，溫州街的咖啡館卻仍然是午後才開門，真是不貼心。

當初很難想像，現今的臺灣是地球上咖啡館密度最高的國家。除了外傘頂洲和無人礁島，六都三一九鄉鎮，人人皆有充分的選擇，可以輕鬆方便買到一杯研磨咖啡。二十五年前大學城周圍，唱片行是比銀行還多還大間，新生南路三段還是一排書店。台一冰果店擠滿了剛打完籃球的男生，四五個人共飲大玻璃瓶的可口可樂，芒果冰尚未出世。等到街上行走的人隨手隨時都拿著一杯手搖冰飲或保特瓶時，時代改變了。此後精神糧食節節敗退，敗給口腹之欲，然後有些大一新生告訴我，解身體的渴優先。是他從來不買書不會看文學書的。

排行榜冠軍的新銳作家很不喜歡村上春樹，擔心他真的會得諾貝爾獎文學獎，開獎後，他也認為巴布．狄倫不該得獎？這使我想起三十幾年前臺灣出過好幾套諾貝爾文學獎全集。當年，我在忠孝東路的遠景書店倉庫也曾扛回一套。現在二手書店隨處可見。賣不了二手好價錢。當佩蒂．史密斯頒獎典禮上獻唱狄倫的民歌時，我想那是整個六、七十世代反叛、特立獨行的餘韻。村上春樹一部部的長篇就如人生旅途一趟又一趟的馬拉松賽跑（注意不是單一趟馬拉松）總是不停地超越自己，一次又一次已經是輝煌的勝利了，其實有無得獎早已不重要，文學從來都沒有辜負了誰。人生也不是在陪誰賽跑，近日，臺灣所謂工會和組織控制人的思想侵犯女性的身體，在媒體持續揭露，不正是《1Q84》、《海邊的卡夫卡》等書中描述的組織和家庭及宗教造成個人創傷的過程。而村上小說中的孤獨自我修復及強壯的力量，讀者在閱讀中也有如一次又一次完成自我成長的馬拉松。咖啡館有什麼功用？作家林奕含說咖啡館有人，不會想自殺。咖啡館有磨豆子聲音，有烘咖啡豆的滾動聲，如果可以使受傷的人好受一點，就算老闆延遲了打烊回家時間，能修補一點心靈破洞，只要是有用的。

適合寫作的咖啡館燈光昏黃，桌子上最好有一盞檯燈，店主在第二次改裝時特別注意人體工學，吧臺檯面和桌面提高了五公分，椅子要有靠背，此後打字舒適很多。可幫助咖啡館的文字工作者維持工作紀律。桌子要大些，不期而遇的熟人拉張椅子就能坐下聊聊天。背景音樂不可太俗，旋律要能與鼎沸的人聲抗衡。環境牆壁舊舊髒髒很好，控制在小強不會跑出來的程度即可，羅蘭．巴特點菸的海報提醒你，該再抽一根了。面對空白（寫不出來的痛苦）的螢幕，煙霧中昇華一種魔幻氣氛。這裡與世隔絕，是咖啡與菸和音樂的幻術，擠不出半個字也變成片刻享受！理想的咖啡館。

五、六年級的小說創作者，猛K當代世界文學，練就了一身功夫，在現實與環境的交迫下，卡位和奪權的論戰中，流離顛沛在一家又一家的咖啡館勤奮老實寫作，前輩們說不能只寫短篇一定要寫長篇小說才行。讀者們也冀盼年青作家能從個人成長書寫，推進到家族長篇故事，進而挑戰國族的史詩鉅作，預言新世紀人類的出路。但那是翻譯小說和村上春樹及哈利波特當道的年代，也是信用擴張大量消費的開始。國族、家族實在太沉重了。多年後放鬆心情，反而是那些另闢蹊徑的專欄，描述和家中小兒的對話，養寵物的經驗，大量美食與晃遊的散文書寫，竟超越之前辛苦耕耘的小說，成為讀者最感興趣的話題，簽書座談會大受歡迎，日子柳暗花明，之後長年經濟窘迫及卡位也不再會是最困擾的問題了。某個時期，咖啡館裡出版社女編輯頻頻進出，與作者約書，成立新的文學書系。那是一套黑色封面的小開本書系。維持不久結束之後，自行創業的女性主題出版也很快匆促收攤了。青年詩人總編輯穿著整套亞曼尼西裝，焦躁的在店裡不停抽菸並來回踱步邊講手機，總是喝兩杯以上的雙份卡布奇諾。咖啡館也是轉換工作者身心暫時停泊之處，發現有人連續固定在上班時間出現就知道又離職了，午後生意較淡時第二杯免費咖啡是對他們無言的鼓勵。新銳小說家某日進門，留下五本新出版的小說寄賣，但之後再也沒有出現過，也沒來收錢，之後某日在附近的咖啡館也看到此書，這是對抗新書在書店平臺周轉率太快消失的行為嗎？準備經營獨立書店的常客，一直述說對抗連鎖書店和書籍統一售價的重要。咖啡館見證了很多人的困頓和成長時期，可能有許多不滿或不甘心，但多年以後的現在，多數人已成功並位居社會要角，咖啡館是讓人潛沉又不脫離社會的暫居地及過渡中繼

花鳥風月的嵐山吉兆

曾郁雯

1986年臺大歷史系畢業，知名作家與珠寶設計師，被譽為珠寶詩人。美國寶石學院之研究寶石專家（G.I.A－G.G）。歌詞創作〈幸福進行曲〉獲第三十六屆金馬獎最佳原創電影歌曲，劇本《天馬茶房》獲第三十六屆金馬獎最佳原著劇本提名。入選96年、100年、101年年度散文選。著有《戲夢人生——李天祿回憶》、《珠寶情人》、《光影紀行》、《京都之心》、《綺麗京都》。

渡月橋終於慢慢安靜下來，熙來人往的旅客、笑聲響亮的學生，終於漸漸散去，我們一群人在大堰川旁，從黃昏坐到日落，香檳杯上凝結的水滴也一寸一寸染上夜色。剛泡完翠嵐旅館溫潤的美人湯，先聚集在川畔小歇，清風徐徐陣陣吹來，一艄又一艄的小船紛紛停靠碼頭。喝完餐前酒，一行人興致高昂地散步到隔壁京都吉兆嵐山本店，開啟今晚的盛宴。

關於京都吉兆嵐山本店，有幾則作家的小故事頗有意思。一是吳燕玲女士在她的《京都美食ABC》寫道：

「我造訪嵐山吉兆時正值櫻花季，進入個室後，看到窗外美麗的櫻花，服務的女中看我拿著相機猛拍照，二話不說，乾脆把紙窗拆下來，讓我盡情拍個夠！」

這樣的服務態度，著實令人折服。

另外一則是我的同學梁旅珠女士，她在《究極の宿——日本名宿50選》中描述：

「我們於傍晚搭船前往（京都吉兆嵐山本店）用餐，再由旅館（虹夕諾雅京都）開車接回，回程在暗夜中體會了如雲霄飛車般驚險的川畔便道，提心吊膽地回到旅館時，大家都忍不住為司機的技術拍手歡呼。」

表示嵐山吉兆的料理值得深夜飛車。

料理鐵人總企劃小山薰堂先生，現在也是京都下鴨茶寮的亭主，他在《一食入魂》書中把京都吉兆嵐山本店分類在「招待重要人物，心意滿分的餐廳」。

他說「嵐山吉兆的料理就是一邊確認自己的味覺，一邊繃緊神經的美食挑戰」。這句話真傳神，從二〇〇七年開始，年年拿下米其林三星的嵐山吉兆，每天迎接來自世界各地的老饕，不論恩客或慕名而來的一見客，都要達到食客心目中不同層次的高標；相對的，也考驗磨刀霍霍的食客。

雖是高手過招，也不必太過嚴肅，畢竟這個餐廳又貴又難訂，也不是想來就能來的地方，美食、美景當前，還是放輕鬆好好享受比較重要。

亮如鏡面的黑漆長桌倒映竹紙燈影，親切俐落的女中一個一個行雲流水般進出，每位客人都有一份體貼的英日文菜單，綠色菊瓣小皿中一抹開胃小菜如花綻放，對稱一只朱漆小碟迎賓酒，嵐山吉兆一開場就把日本料理最重要的三個元素自然呈現，就是美味、器皿與氛圍。

先上煮物椀，華麗無比的描金蒔繪漆椀裡，當令嫩白鱧魚、綠色三度豆，微酸的梅肉高湯再撒上清香柚子粉，開胃消暑。

生魚片則是代表夏天涼爽感的白肉鱸魚，緊實帶勁，搭配淺淺劃出刀紋的鮪魚大腹，入口即化，一收一放，層次分明，用最短的時間挑戰舌尖兩極感受，魚肉處理得相當好，香味四溢，對於愛吃生魚片的臺灣人而言，完美達陣；一旁墨綠色的海帶漬還奢侈地綴上金箔。當大家認真討論金箔到底是什麼味道時，突然聽到我的室友驚呼：「我怎麼沒有金箔？」原來她不吃生食，所以菜色特別換過，一旁伺候的女中二話不說，也不管是不是菜單內容原本就不一樣，不慌不忙趕緊去廚房取來金箔補上，化解一場虛驚。

小小插曲之後燈光突然變暗，我心想「來了，傳說中如巨星登場，戲劇效果十足的八寸終於要登場。」

黑暗中三盞燭光微微發亮，花團錦簇的八寸環著一大盆鮮花，像百花盛開的噴泉花園，女中再將一盤盤八寸分送給大家，每盤花型陶缽又是一座小花園，酢味鮑魚、味噌蝦、鱧魚南蠻漬、鯛魚海苔捲、芝麻醬芋莖、厚燒玉子，高高低低層層疊疊，都不知道從哪下箸？更神奇的是近看才知道薄如和紙的「蠟燭」竟是大根（白蘿蔔）的皮，細緻的纖維如水面波紋在燭光中搖曳生姿，再次把食材、刀功、擺盤、創意完美結合。

隨著八寸大陣仗登場服務人員中，有一位身穿白色圍裙，氣質出眾的美女，像隻白蝴蝶翩翩降臨，是第三代女將德岡夫人。只見她笑臉盈盈地與其他同事一起工作，就像隱藏在圍裙下的和服，低調優雅。

華麗轉身後是一綠一黃銀杏炸串搭配嵐山吉兆著名的鹽燒金目鯛，銀杏（白果）微微苦味引出金目鯛的甘醇，小小、少少的一道菜擺在半白半赭竹葉陶盤，卻是味覺與視覺的雙重享受，嵐山吉兆的鹽燒手法果然名不虛傳。

接著扮演轉換口腔味道的箸休也很精彩，如寶石般一顆一顆閃閃發亮的鮭魚卵，幾顆翠綠毛豆、撒上深綠海苔絲，放在又像花瓣又像貝殼的深皿中，彷彿藏在深海的寶藏等待挖掘。清完口腔的記憶，下一道焚合的賀茂茄子、南瓜、小芋、萬願寺小辣椒就不怕沒味道，吃起來鮮甜無比、淡而有味。

接下來就是要比「肚量」的御飯了，嵐山吉兆盲選出大阪府生產的KINUMUSUME品種米，做出蒲燒鰻牛蒡拌飯，還有我最愛的鍋巴，最後又端出撐死也要嚐上一口的白飯，那用鐵鍋炊煮到粒粒分明、晶瑩剔透、芳香四溢的白飯配上香物好吃到靈魂會出竅，難怪小山薰堂曾在嵐山吉兆吃過淋上雞蛋、特製醬油、撒上柴魚片、海苔的雞蛋拌飯，竟然吃到目瞪口呆。

這其中當然有很大的學問，除了百中選一的好米之外，嵐山吉兆第三代目德岡邦夫是吉兆創始人湯木貞一的外孫，他從父親德岡孝二手上接掌本店，特別喜歡研究味噌、醬油調味，不斷創新菜色，打破京都料亭不接生客的傳統習慣，被譽為果敢的繼承人。

酒足飯飽後送上菓物，新鮮的無花果、哈密瓜、葡萄、芒果放在冰鎮過泛著水氣的小銀盤，再淋上嵐山吉兆自調醬汁，中和甜度，更顯美味。最後以抹茶、蕨餅和果子做為今夜完美句點。美麗的蝴蝶女將再度飛來，忙了一整晚還要一邊與客人合照一邊殷勤送客，真不容易。

一九三〇年（昭和五年）湯木貞一先生於大阪新町以「御鯛茶處　吉兆」創業，一九九一年分社，京都吉兆嵐山本店誕生。湯木貞一與北大路魯山人這對好友對日本料理的創新與改革都貢獻卓越。北大路魯山人出生京都，湯木貞一雖然出生神戶，卻更能客觀地欣賞京都文化，汲取精華後再創獨特料理。湯木先生的茶道造詣很深，常年思考茶道與料理的關係，他的愛好與興趣直接體現在吉兆的懷石料理，吉兆使用的器皿、茶碗甚至有江戶時代的古董，也特別注重季節、庭園、裝潢、擺盤與服務人員的素質，用一期一會的精神探求美味的極致。

一九六一年東京吉兆分店正式開張，一九六九年湯木開始在《生活手帖》（暮しの手帖）寫有關吉兆的連載，這本雜誌就是日本NHK二〇一六年最受歡迎的晨間劇《姊姊當家》的背景故事；吉兆越來越受歡迎，店也越開越多，只要從吉兆出去開店的徒子徒孫都有一定的身價。

湯木貞一把他打下的帝國分給一子四女，長子「本吉兆」、長女「東京吉兆」、次女「京都吉兆」、三女「船場吉兆」、四女「神戶吉兆」，當中就數三女的船場吉兆最不爭氣，二〇〇八年爆發用九州牛冒充但馬牛事件，之後又被發現將客人沒吃過的料理重新擺盤直接轉移給下一位客人的回收事件，連續兩次重擊，船場吉兆只好宣告永久歇業，讓老父打下的金字招牌蒙羞。

如果不是非要體驗有如舞臺效果的晚餐，我建議不妨預訂嵐山本店的午餐，除了可以減少費用，白天反而更能盡情欣賞庭園四季風景。我的吉兆初體驗就是在嵐山本店的初夏午後，窗外草木扶疏，遠山近景一片綠蔭，整個空間讓人五感滿足，完全融合料理之味、料亭之味與人之味，就像在嵐山山腳下野宴，愉悅的過程令人感動，用完餐大家到庭院散步、拍照留影，依依不捨，餘韻裊裊。

吉兆松花堂店的松花堂便當是我的下一個目標。松花堂便當是指中央十字隔開，邊緣加高，覆上蓋子的便當。松花堂便當和湯木貞一先生可是關係匪淺，絕對要親自體驗一番。

話說京都石清水八幡宮的瀧本坊住持，名叫松花堂昭乘，擅長書法、和歌、繪畫，特別喜歡隔成四等份的盒子，菸草盒、繪具盒通通都把它隔成「四分盒」。昭和八年湯木貞一先生去拜訪松花堂昭乘時看到他的四分盒，馬上聯想到也許能拿來當為分隔料理的容器，聰明的湯木把盒子的面積縮小、邊緣加高，如此一來，茶會時四分盒就能當成點心盒；若將白飯、燉菜、燒烤、生魚片隔開，不但更能突顯食物各自的味道，也能發揮擺盤的功用，將美味與美學濃縮在一個小小的便當盒當之內，於是「松花堂便當」就誕生了，為此湯木貞一先生還獲頒天皇「紫授褒章」，是日本第一位以料理人身份被尊為「文化功勞者」，松花堂便當現在已經變成日本便當文化的代表。

在京都要享用松花堂便當有幾種方法，首選當然就是去八幡市的吉兆松花堂店，當然最好是在中午，如果時間充裕，下午三點至五點還有喫茶時間，可以喝茶配和菓子，繼續欣賞松花堂美麗的庭園。吉兆松花堂店每週一公休，其他時間都會提供松花堂便當，最好先訂位，尤其是要外帶的便當，一定要在三天前予約再去拿取。

再來就是去京都車站M3樓的吉兆松花堂便當食事處，但要注意這裡的便當只能內用不能外帶。京都車站旁伊勢丹百貨地下二樓有一家專門賣高檔便當的攤位，包括米其林三星級的瓢亭、菊乃井、吉兆的松花堂便當，但只有週五、六、日賣松花堂便當，其中吉兆的便當通常最早賣完，手腳要快，以免向隅。第四個地方就是開業四百年的瓢亭，他們的別館（也有一百八十年的歷史）午餐時段特別推出的「松花堂便當」，景致優美，物超所值，只用十分之一的價格，享受十倍以上的快樂。

吉兆有六家料亭、兩家直營販賣店，湯木貞一先生還留下一個「湯木美術館」，將他生前私人收藏了五十多年的愛好變成日本傳統文化的保存。這家位於大阪御堂筋附近的美術館主要展示茶懷石器具和古代美術品，我最想看志野茶碗和織部四方手缽。我總覺得這位活到將近百歲的料理奇人那麼勇敢地開創事業，後代子孫也大都能繼承家業，保持對料理的熱情與堅持，應該和湯木先生喜愛收藏藝術品有關。川端康成的小說《千羽鶴》，男主角菊治少爺的父親菊治老爺是位茶道大師，故事情節中不斷出現與茶道有關的器皿，如菊治老爺生前常用的黑色織部茶碗，還有情婦太田夫人女兒文子送給菊治少爺的志野瓷水罐，原是茶道中用來放廢水的建水，但這個小水罐太小，常常被太田夫人拿來插花，川端康成形容這個白釉面上隱隱泛出紅色的瓶子「柔潤得像夢幻中的女人似的……」。

小說的最後出現一對文子送給菊治少爺的瓷碗，一只是太田夫人生前（她在書中出現不久後也死了）用來喝茶的的志野瓷小茶杯，一只是菊治老爺的唐津瓷碗，這對瓷碗間接代表菊治老爺曾經和太田夫人一起度過的美好時光，甚至連出遠門也帶著。（可能也把文子小姐一起帶上，像一家人出遊？）

這只志野瓷小茶杯的白釉碗口紋路上略帶一點茶色與隱隱的紅色，菊治少爺猜想那應該是太田夫人唇吻的地方，又似褪色的口紅……，接下來就留給讀者自己遐想，一如川端的文字。

故事中文子一直想摔破這只小茶杯，菊治少爺卻捨不得，說這個茶碗是志野古窯，大概有三、四百年的歷史，當年也許是酒器，既不是飯碗也不是茶杯，只是後來被古人拿去當茶杯使用，說不定還有人放在茶箱裡帶到遠處去旅行。小說要留給讀者自己慢慢讀，但川端康成的筆下功夫實在了得，將情慾的糾結，藉幾件茶器的流轉更迭，不著痕跡的顯露。

這也是我這幾年去日本旅行，出入這些高級料亭的深刻體悟，猶如川端康成的文字，看似輕描淡寫，卻是暗潮洶湧；這些料亭的繼承人，也是一代接續一代，看似雲淡風輕，卻是經年累月，努力不懈的修煉。

那些花鳥風月，那些金風玉露，都像裝在松花堂便當裡的夢，春日的落櫻、夏天的流水、秋月的皎潔、冬陽的溫暖，都在小小的四方格裡相遇。

最後還有一個小故事，聽說北大路魯山人很喜歡京都吉兆嵐山本店的料理，每次吃完飯就拍拍屁股走人。過段時間湯木貞一先生就會收到北大路魯山人親自燒製的器皿當成回禮，這些散發著惺惺相惜氣味的器皿都被吉兆好好保留著，也許哪一天我們也會像夢一樣在京都與它們相遇。

原載於《聯合文學》三九六期，二〇一七年十月
後收入《京都之心（全新增訂版）》，臺北：聯合文學，二〇一七

果蔬

一樣茄養百種人

莊祖宜

師大英語系畢業，哥倫比亞人類學碩士。留學期間發展出做菜的第二專長，三十出頭終於決心轉行入廚，歷經廚藝學校與飯店學徒的磨練，煙燻火燎之餘並擒寫作分享餐飲見聞，著有《廚房裡的人類學家》、《其實大家都想做菜》、《簡單、豐盛、美好：祖宜的中西家常菜》。婚後隨外交官夫婿四處為家，餐桌延伸至海內外，隨遇而安的性格孕育獨特飲食見解，以飽覽群書，吃遍四方，並認真思考一切與飲食有關的課題為人生志業。

小說家馬奎斯的名著《愛在瘟疫蔓延時》裡有個有趣的小細節，說是美麗的女主角弗敏娜從小厭惡茄子，當年接受醫生老公的求婚時，唯一開出的條件就是：「只要不逼我吃茄子就嫁給你。」婚後多年有一回她無意間吃了一道口味絕佳的菜，吃完才得知那原來竟是茄子，從此觀念丕變，無茄不歡，以至於她先生甚至開玩笑說兩人應該再生個女兒，取名為貝泠漢娜（Berenjena），也就是西語的「茄子」，老婆最鍾愛的字。

和弗敏娜一樣對茄子有偏見的人很多，我結縭六載的先生也是如此。婚前他只記得自己媽媽唯一燒過一回的茄子嚼起來苦硬如皮鞋，從此敬謝不敏，直到遇見我們這個嗜茄的家族，才終於認識了口感軟糯且飽收調料精華的茄子之美好。由此可見茄子是非常講究火候的——它在這世上沒有半生不熟的容身之地，唯烹煮軟爛方能成氣候。

茄子原生於印度，北傳中國日本，東傳暹羅，西傳經中東至地中海，衍生出豐富的烹飪手法與菜色。一般說來，中日兩地的茄子大多身形修長，皮薄肉嫩子少，以油爆醬燒、清蒸、水煮的做法居多。切段入油鍋裡炸過的茄子光潤紫亮又柔軟，再以蔥薑蒜、肉末、辣豆瓣和醬醋燒煮就成為噴香下飯的「魚香茄子」。不過只要親身做過這道菜就知道，茄子入油鍋如海綿，三兩下就吸飽油脂，熱量之高讓不少人心生畏懼。

好在清蒸和水煮同樣能達到綿軟的效果。講究賣相的人或許會說：蒸煮過的茄子皮色變灰，不如過了油的好看啊！關於這點大家不用擔心，曾有網友提供竅門，說只要在煮茄子的時候，上方以盤子按壓，不讓茄身浮出水面接觸空氣，皮色就不會變灰。我試驗了這個辦法，果真見效。人氣美食部落格「維多利亞的廚房」作者俏皮地稱之為「潛水茄」，對烹煮過程並有詳盡圖解。細長的茄子在滾水中沉潛十分鐘大抵軟爛，取出放涼後，可刀切成段或手撕成條，淋上醬醋麻油，蔥蒜香菜與辣椒末，立刻就是一盤開胃的涼拌茄子。

曹雪芹在《紅樓夢》第四十一回裡有一段對「茄鯗」這道大觀園特色小菜的詳細描述，由鳳姐對劉姥姥說：「你把才下來的茄子，把皮簽了，只要淨肉，切成碎丁子，用雞油炸了；再用雞脯子肉並香菌、新筍、蘑菇、五香豆乾、各色乾果子俱切成丁子，用雞湯煨乾，外加糟油一拌，盛在瓷罐子裡封嚴。要吃時用炒的雞爪一拌，就是。」這道小菜百年來撩起無限遐思，文人饕客們紛紛讚嘆其素食葷烹，粗菜精饌的江南雅趣，卻鮮少有人照譜操練（比如史學家兼美食家逯耀東在《大肚能容》一書中連續以三篇文章講述考證紅樓茄鯗，唯不談其味），令我好奇又納悶。

幾天前我終於照著鳳姐的指示用雞油炸了茄丁（我沒去皮，覺得留著紫皮比較好看），與豆乾、香菇、牛肝菌、發泡的筍乾（這個季節沒有鮮筍）和一把松仁炒香，再用雞湯煨乾，加少許糖，最後拌入幾匙陳年糟鹵。如此調製出來的「茄鯗」貌似一般八寶醬，吃起來有菇菌筍丁的鮮香，雞油雞湯的底蘊，糟鹵的發酵微辛，豆乾和松仁的層次口感，是標準的江南味，無須另加雞爪就讓我一口氣吃了兩碗飯。而話說回來，那茄子反倒無啥特色，如果削了皮更是想找都找不到。但這其實正是茄子的奧妙之處：它本身沒什麼味道，卻極能吸精取味，曖曖內含光。以廉價不起眼的茄子命名一盤精工好料，不啻紅樓風雅，是真正上流人家的低調作風。

離開了中土，茄子的形態也大有變化。比如泰國的茄子品種繁多，色澤有深紫、青綠、牙白、斑斕；形狀可修長或滾圓，如雞蛋或葡萄般大，常入椰漿咖哩中燉煮。印度以西所見的茄子則大多矮胖或碩大：皮較厚，肉較硬，子也較多，所以在烹調手續上也比較繁複，常須先去皮撒鹽以除卻苦水。

在我看來，最懂得吃茄子的莫過於中東多事之地，包括敘利亞、黎巴嫩、約旦、巴勒斯坦和以色列，以及旁邊巴爾幹半島上的老冤家：希臘和土耳其。他們善於燒烤，常把整顆茄子在火焰上燒至焦黑，剖開後取出綿軟帶煙燻香的茄心，瀝乾水分與芝麻醬、鹽、檸檬汁調拌成泥，盛盤後淋上初榨橄欖油、洋香菜和少許孜然粉，用來沾口袋餅做開胃小菜。阿拉伯文稱之為baba ghanoush（巴巴咖奴氏），但在此地區非阿語系的國家裡，同樣的菜色也日日以不同的名稱出現在餐桌上。另外他們會將茄子切片，與番茄肉醬層疊燒烤做千層茄派（moussaka）；或切丁與不同的辛香料油燜；或整顆從中直線剖開，塞醬肉蔬菜慢烤或燉煮（imam bayildi）……做法變化無窮。

以前在紐約讀書時，我很喜歡去學校附近的幾家地中海式家庭餐館嘗鮮，不時看見希臘留學生在土耳其館子裡吃千層茄派，猶太人在黎巴嫩咖啡廳裡吃巴巴咖奴氏，不禁感嘆一樣茄養百種人，而亂世間食物凝聚人心、弭平差異的力量不可小覷啊！

原載於《聯合報》聯合副刊，二〇一七年三月六日
後收入《其實大家都想做菜：祖宜的飲食觀點與餐桌日常》，臺北：新經典，二〇一七

老鼠瓜

劉克襄

作家、公共電視「浩克慢遊」主持人，現任中央通訊社董事長。晚近多行走港臺各地郊野，並任教於大學，善於以獨特而深入的觀點解說、導覽各地古村老鎮和地理風貌，曾出版生態旅遊指南等著作多部。晚近較具代表性作品為《11元的鐵道旅行》、《十五顆小行星》、《男人的菜市場》以及《四分之三的香港》，新近代表作《早安，自然選修課》。

集集車站前不遠，假日有一農夫市集，晴朗時日，總有八九攤。日後沿集集旅行，或許是最值得的拜訪的景點。

有一回，在兩個攤位，我都驚見一種奇特的瓜果。灰白帶青綠，外貌甚奇，因遠看如老鼠形狀，當地俗稱老鼠瓜。其圖形怪異，隨即讓人聯想起蛇瓜。

一探問，果真是近親，春天時，都有白色流蘇狀捲曲的花蕊盛開。七至八月，逢結果的高峰，老鼠瓜嫩果可作為暑夏時鮮的特色蔬菜。蛇瓜果實圓柱形，長一米以上，猶若錦蛇，微緩蜷曲地垂掛於瓜棚下。老鼠瓜則肥美如絲瓜，約莫一隻大田鼠的尺寸，但也有長及手臂者。

老鼠瓜係嫁接的變種，原生種可

能在雲南、廣西，或者南洋一帶。販售的老闆是當地小農，堅持有機栽作，栽種了不少種奇特果物。唯炎夏時只有南瓜和它，長得興旺。根據他的描述，因為是罕見外來種，野性強大，較少病蟲害，因而繁衍活絡，生氣勃勃。攤位上擺了三大籃，大田鼠尺寸的不過十元，我遂高興地買了五條。

回家後循著老闆提供的線索，找到一種蛇瓜的近親，瓜葉栝樓，果實卵狀橢圓形。老鼠瓜的原生植物，應是這一種的栽培種，或者雜交品系。果實從幼果到老熟的成長過程裡，果皮顏色不斷發生變化。先由青綠轉灰綠，乃至橙紅、暗紅，因而又被稱為變色瓜或彩瓜。老熟後的紅色瓜果，還能長時不落，掛在架上，頗為美觀，但已無法食用。青綠生嫩，才是最美味的時候。

回家後，隨即削了兩條。這瓜雖和蛇瓜近似，但長圓之身，明顯好處理許多。又或許是生嫩時期，削皮時，清楚感覺質地比絲瓜堅硬。切成對半，去除白色種籽，再簡單以水煮食，清脆可口，不需像絲瓜快炒，或者煮湯。但另一條剖開時，果瓤已呈紅色，內包種子呈腐乳狀，彷彿老化。食用結果，這一類的果肉質地便差幾許。

生嫩的，我吃了甚是上癮。後來路過，又去買了好些，打算每天食用一條。跟福建友人探詢，如今不少鄉下都有栽種，相信未來應該會成為瓜果類的重要食材。在臺灣客家山區，我亦不斷推廣此一不用太多照顧的瓜果。

原載於《中華日報》副刊，二〇一七年四月十八日

香蔥情結

簡文志

1973年生，東吳大學中文系學士、碩士，佛光大學中文系博士。曾獲教育部優質通識課程教師、佛光大學特優導師、佛光大學教學績優教師，作品散見報刊雜誌，創作以現代詩與現代散文為主，現為《人間福報》專欄撰稿、佛光大學中文系副教授、吳沙文化研究中心主任。

父親喜歡在後院種些青蔥，小小的土堆培塿就是崇岡峻阜，在我海鮮庫的小河邊，以網為牆，也摟不住四散的清香。每每在大學授課結束，折回老家，掬一把盈抱的蔥，一袋現摘的樸實感。幾次病中，最喜吃碗青蔥肉粥，滿喉鹹香，滿眼綠色的希望。雖然蔥味偏辛，然其個性溫雅，如善於輔諫的良友；煸過的青蔥微焦，在雲繚霧繞的熗鍋中，起落眉點凡塵的世故神色。

有些菜餚看起來病懨懨的，盛碟像是張病床，覆載菜料混亂拼湊的憂傷。有些菜餚，是浮光掠影的吃，雖有燒魚煎肉當主角，拌些鹹醬開胃，可是口與心是不帶感情的吃，無意識的運動嘴型，無彩無色的嚼。

蔥是綠色食器，最好的盤飾軍師，

深藏累世的智慧。請蔥入皿，菜碟都有了律動感，醬汁也雀躍雁飛。以蔥爆香，爆開一鍋瀲灩的花蹤肉香，翠綠的蔥花格緞適合在牛肉湯中漂泊，潔皙的蔥白繾綣在麵餅立誓非大蔥不捲的愛戀。蛋花湯有了青蔥如玉更顯貴氣，味噌湯捻些蔥絲，載浮載沉的，是閱歷深濃而不輕啟唇的隱士。

風雨囂默，日夜行眠，青蔥也合該有驕傲的時刻。採收時，唯吾德馨的香氣薰人，秀氣的青，顫巍的白，中空如竹梳理落拓的君子風範。皮蛋豆腐在青蔥的映襯，美味如墨色的沉鬱雄渾完全勾勒出來。蔥㸆鯽魚的最後皴游，幾條蔥段的溫潤煨養，絕智的鬆嫩姿態。蔥也能合誼同道的，與蒜、薑、辣椒等等，共鳴香料的奏曲。

最好的青蔥當是立足腳跟宜蘭出產，尤其在旅遊風潮的渲染下，宜蘭三星蔥更是嬌貴。在三星狹窄錯肩的小徑，唯有鼻子還清醒著，走過些高低自如的橋，在藍天與綠埂中，蔥田如窗，青蔥列隊如殉葬的堅毅。

青蔥有殺菌作用，也許能促進對時代的消化；青蔥亦有健胃解毒功能，可以咳出不平的痰，生命是否也能乾淨些。青蔥含有揮發油，主要成分是蒜素，能夠收攝發炎，抑制癌細胞。

癌末的奶奶也吃了人生的最後一碗青蔥肉粥，「鼻子與舌頭都好香」，她說。

原載於《人間福報》副刊，二〇一七年五月十八日

霜降，歷練的甘甜

劉學剛

中國作協會員，作品多被《詩刊》、《天涯》、《山花》、《散文》、《青年文學》、《散文選刊》等刊推介、轉載，著有散文集《草木記》、《中國時間：二十四節氣》、《舌尖上的節氣》、《安靜的勇氣》、《路上的風景》等六部。現居魯中某小城。

氣肅而凝，露結為霜。「疑薄霧之初覆，似輕塵之未起」（崔損《秋霜賦》），這如薄霧似輕塵的霜一出場，讓即將進入冬季的植物狠狠地春天了一把。「霜葉紅於二月花」，二月的春花羞答答地開，猶如一朵紅雲從少女的俏臉上升起。楓葉或狀如雞腳，或形似鴨掌，五裂，猶如花的怒放，經霜之後葉色猩紅似火，響聲也是有的，那種熱烈而響亮的紅，就像空中炸響的爆竹，肆無忌憚，華麗鋪張。「萬類霜天競自由」，毛澤東是一位喜歡在霜天裡遠眺的詩人，他用「自由」這個詞表達著他對霜秋生命的感知。

醃菜

秋霜落在草木土石上，我們家鄉叫「打霜」。「不經霜打，柿子不甜」，「霜打白菜賽羊肉」，千年流傳的諺語說出了鮮甜味美之源：銀霜是雌性的，有著旺盛的生殖力，它繁殖出秋葉的火紅，也孕育著蔬果內心的甜甘。霜降時節，明月朗照，大地之上霜花盛開，在我們看來，銀的霜就是一層比甜還甜的糖，那些大紅柿大白菜就是許多蜜罐罐。醬菜也要打霜的。記得霜降之夜，母親就揭去醬缸上的蓋墊，給茄子蘿蔔們請來一層皚皚白霜，這叫「霜降醬菜」，白霜一打，醬菜就特別的鮮甜，又有一股濃郁的醬香，以之佐飯，一口氣能吃掉兩個窩窩頭。醃製醬菜，我家開始用自製的麵醬，後來改為散裝的醬油，再後來醬缸棄之不用，一夜寒霜空自降，讓人為之淒涼。

清人潘榮陛是一位把節日習俗當作社會大事來寫的作家。在他那裡，霜降醃菜是一年一度的重要事件，說到黃芽菜，他讚為都門極品，鮮美不減富陽冬筍，乃醃菜之首選。過去一到霜降，我的母親就忙著醃菜。地瓜蘿蔔可以窖藏保鮮。那些與主體剝離的蘿蔔纓、辣菜葉，拔秸棵時碰到的茄妞子，母親卻寶貝得不得了，粗鹽醃製，細霜調味，使它們得以重構生活的甜美。

地瓜

霜降到，地瓜刨。地瓜是霜降當令主食。一夜繁霜，綠綠的地瓜葉全都變成黑黑的「木耳」。生出「木耳」的地瓜可就大不一樣了，樣子像一個大錘，威猛得很，咬它一口鮮脆如梨，甜美若棗。我小時候，老家流行一種叫「地瓜錘」的遊戲。兩孩童伸出左手相握，各自握緊右拳，然後齊念兒歌：「地瓜地瓜錘兒，打小人兒，小人兒不在家呀，偏要打著耍呀」，右掌擊打對方左手手心的時候並不用力，聽起來更像是為「地瓜地瓜」打節拍，其樂趣在於說到「錘」時迅疾發出手勢令，或石頭或剪刀或布，以決出勝負，講究一個反應機敏，更是一場心理博弈。

我們玩耍的時候，衣兜裡短不了零食的。如今的孩子喜食嘎嘣脆的炸薯條、麻辣薯片，被包裝袋圍困的孩子吃得特別過癮。炸薯條含反式脂肪酸，吃得過多，易肥胖，不利兒童智力的發育。我們那時吃的是純人工純天然蒸煮晾曬而成的地瓜乾，不含任何香精、色素和防腐劑。單是這一點，我們就比現在的孩子幸福得多。一季地瓜半年糧。鮮地瓜煮粥喝，香甜軟嫩，特有口感；地瓜乾薄如秋葉，色若雪片，形似滿月，煮熟了吃，又麵又甜，別有風味。小時候，我家常備主食有兩種，一是煎餅，二是熟瓜乾。母親把煮好的地瓜乾碼在蓋墊上，其上覆以籠布，著急做飯的時候，擱在鍋裡一熱，即食。此種熟瓜乾亦可作零食，兜裡揣了幾塊瓜乾，硬邦邦的，感覺闊氣得很，掏出來一晃，白花花的，極為誘人。

地瓜乾還有一種更為甜蜜的吃法，我們這裡叫「地瓜油」。鮮地瓜削皮時滲出的白色液體，俗名地瓜油，學名黏液蛋白，這是一種多醣蛋白質，能保持人體血管壁的彈性，是地瓜的精華所在。我所說的「地瓜油」是先蒸後曬的地瓜乾，製法較為繁複。取地瓜一兩個，洗淨，削皮，置於籠屜上蒸煮，待地瓜煮至能用筷子直接插透，取出。待稍稍冷卻，切片，厚薄跟鈣奶餅乾差不多，然後攤在竹匾上晾曬，曬製成型後，擱在瓷盆裡，用蓋墊捂一些日子，瓜乾受了涼，表面就會長出一層白的霜，伸出舌頭一舔，我的天，好甜，甜得讓舌尖雀躍舞蹈，甜得讓人有些小眩暈。上好的地瓜乾黏軟筋道，越嚼越甜，猶如一根結實的繩子，從舌尖徑直垂下去，牢牢地拴住心尖尖。

地瓜，也叫紅薯、番薯、甘薯、紅苕，它富含澱粉、氨基酸、膳食纖維、胡蘿蔔素、多種維生素以及礦物質，被稱為「長壽食品」，白心者質脆多汁，生吃有水果之鮮爽，黃瓤者質緊味甜，熟食軟嫩甘美，如嚼奶油麵包。霜降時節，吃地瓜可健脾補腎生津止渴，但空腹吃會導致胃脹，更不宜和柿子同食，地瓜的糖分在胃內產生的果酸會和柿子裡的鞣質、果膠發生反應，形成難溶性硬塊「胃柿石」，嚴重者胃腸出血。柿子皮薄無核，肉軟蜜甜，口感甚是涼甜滑膩，「霜降吃丁柿，不會流鼻涕」，霜降吃柿亦是節氣食俗。既然地瓜柿子不可兼得，那麼，就讓它們成為人世間的太陽和月亮，仁愛的光輝持續地照耀著我們。中午餐一頓熟地瓜，晚上生吃兩個甜柿，這樣的一天就是一首長短句，節奏鮮明，音韻鏗鏘，美食的抑揚頓挫成就生活的和諧之美。

柿子

霜降過後，楓樹、黃櫨的葉子如火似錦，柿樹滿枝紅果，看上去就像節慶時高高掛起的紅燈籠，千樹盡染，萬山披紅。採摘柿子，盡享鄉村遊之樂，是當下城裡人的一種休閒方式。

那年深秋，我和一群孩子在校園裡過採摘節。許是城市的高樓太高，阻隔了空氣裡的流霜，橢圓形的柿葉還做著夏天的夢，柿子扁扁圓圓的，更為奇妙的是，大自然出於對它的偏愛，特意在接近基部的位置雕鑿出一道環狀的凹痕，使得整個柿果狀似磨盤。這些柿子顏色深淺不一，青裡泛黃，黃裡透紅，那些孩子一爬上高木凳，碩大的柿子就骨碌碌地滾了過來，幸福來得如此突然，我看見，他們的小手在微微地顫抖。幸福是需要慢慢體味的，我們家鄉的柿子皆為澀柿，不可即食，我們這裡的做法是「濫」，把柿子置於溫水裡浸泡，水溫保持40℃（其間可換水），一天一夜即可脫澀。明朝的李時珍叫「烘柿」，他有他的烘柿一招鮮：青綠之柿，收置器中，自然紅熟如烘成，澀味盡去，其甘如蜜。那次採摘節，孩子們送我一提籃柿子，我帶給我的女兒，讓她挑幾個，放在一個透明的糖果盒裡，特意放進一個甜水梨、一個紅富士（熟果釋放乙烯，可催熟柿子），蓋上盒蓋，密封。她每天都去看一看，看那些小臉紅暈越來越濃。待柿子綿軟如酥，抓取一個搭在牙齒上，稍稍一壓，一股甘甜之汁隨即溢滿舌床，讓人身心為之大爽。外表紅潤如玉，內心甜美似蜜，這是烘熟的柿子，也是幸福的模樣。

柿餅甘甜酥脆，在我的老家，是祭祀灶神之上品。柿子去皮，排在簸箕裡，果頂朝上，日曬夜露，待揑製的柿餅外硬內軟，放入甕中催生白霜。柿霜和地瓜霜是一樣的霜，清涼甘甜，且富含甘露醇、葡萄糖、果糖、蔗糖，有清熱潤燥之奇效。這潔白的粉霜真是大自然的神來之筆。秋霜落，柿霜生。這霜，把蔬果的甜美推向寬廣。白居易有詩云：「濃霜打白菜，霜威空自嚴。不見菜心死，翻教菜心甜。」天降白霜，讓蔬果們的生長不是增大，而是轉向它們的內裡，醞釀幸福的甘甜。

原載於《中華日報》副刊，二〇一七年十月二十二日

後收入《舌尖上的節氣》，臺北：博思智庫，二〇一七

原收錄於簡體版《舌尖上的節氣》，中華工商聯合出版社，二〇一五

桂圓紅棗蓮子湯

盧怡安

生活雜誌記者經歷十餘年，關心生活中美好事物，包含藝術、飲食、旅行。2010年起開始習茶，從臺灣烏龍茶道的學習中，漸漸體會器物、滋味、態度與氛圍美感彼此之間的平衡。從文字工作者的身分，慢慢跨出，為不同雜誌擔任過攝影、food stylist，或影片拍攝安排。

受邀參與撰寫：《看，誰在搞藝術》、《好物相對論——生活器物》、《白斬雞：國民美食第一味》等書。在生活中挑選器物，以及烹飪、品茶的經驗，集結成新書《秋刀魚一條半》。

生活及攝影：https://www.instagram.com/milliototo/

文字與個人意見：https://www.facebook.com/millio.lu

以前總覺得桂圓紅棗蓮子湯，好老氣。別提秋日來喝蓮子湯了吧，那都是上一代長輩在喝的飲品，對我來說一點魅力都沒有。

然而幾年前，在秋天的尾巴，遇見了臺東池上大坡池裡的新鮮蓮子，好嫩。中火快煮成一碗湯，它嚐起來就像一種筍，或嫩芽的新鮮口感，以及春天一般的清甜、芬芳。真是口齒留香。沒想到吧？太驚喜，太討人喜歡了。

當時，我正離開工作了十多年的一本雜誌不久，無所事事，心裡也枯乾無味。朋友拽著我，下著雨也要我穿上雨衣，去大坡池裡「撈捕」蓮子。她非拉著我的手，親自剝、親自煮來嚐嚐不可。這池裡的蓮子有點神奇，滋潤的可能不只是我身內的秋燥冬寒，可能也再次溫暖了我對下廚烹鮮的冷感。差不多與喝那碗鮮蓮子湯同時，我開始得了一種每日都非要做點什麼時鮮來下肚不可的症狀，直至現在。

我娘是個講究養生的老派分子。小時候每到立冬前後，她已採買好蓮子、紅棗、桂圓等等，準備燉蓮子湯，或者桂圓茶。「這很好哦。」她一面說著這補脾養血、安神養心什麼的，我一面已經穿好鞋逃走。以前聽到一長串補什麼、潤什麼，都想把耳朵摀起來，她還沒開始燉，我已經覺得鼻子底下聞到中藥味了。

不喜歡蓮子的原因之一，是因為它吃起來粉粉沙沙的。在口裡太渣，咬不了幾顆，便放棄它補心助眠的傳奇功效。

但人躺在臺東池上，朋友的小屋陽臺前，大姐頭似的她一吆喝，我們一群人毫無抵抗力，就提著捕蟲網跟她去大坡池撈蓮子回來。

沒錯，用的是捕蟲網。她所求的不多，所以用兩支長長的捕蟲網，網住蓮蓬，使點巧勁一拽，就帶回兩籃帶紫的灰綠色蓮蓬。

我心想，我可沒有要吃喔，但從膨軟軟的蓮蓬裡剝一粒粒蓮子出來，出乎意料的療癒，很有成就感。我便和專業廚師同伴搶著，好像要看誰業績好，咻咻咻地剝出一小山青綠色的鮮蓮子，肥嫩嫩、圓嘟嘟。

幾顆靠近蓮蓬邊上的幼蓮子，內部還沒長到飽滿扎實，朋友一剝出來就塞到我嘴裡。生的，完全是大清早還在池裡的未成熟蓮子，咬下去竟是水果或嫩筍般的脆甜，清甜得令人生津。連忙一顆顆蓮蓬重新翻找，看還有沒有。這幼蓮子怎麼會這麼芳甜？禁不住對蓮子湯本人非常期待。

結果，帶青綠皮的蓮子，要轉身成為牙白色之前，可折騰死我們這些城市人了，還沒那麼容易呢。以為掐開青綠的外皮，就解決了。裡頭緊緊巴住、蟬翼一般的透明小膜，才是魔鬼哩。幾個都市人，自以為聰明，聯手建立了生產線，有的掐開綠皮，有的負責磨下透明膜，一條生產線各負責各的。就這麼外行啦，透明的膜一旦乾了，失去潤度，就更難剝了，怎麼都不肯離開。得要敏捷快手，一剝下青皮，同時就搓下薄膜，千萬不可遲疑。搞得人人聚精會神，像在磨什麼貴重寶石。整整折騰了一下午，新鮮的蓮子怎麼就這麼難得手啊。

是貴重寶石無誤。當白潤潤的蓮子，映著斜射的向晚陽光，好不容易下鍋，簡單撒把糖，滾了就熄火連湯上桌時，它們瑩潔光潤，和過去看到的很不一樣，真的像牙質或潤玉。

嫩，真的非常嫩，而且香。以為會如同以往經驗，像植物根莖的澱粉感，卻大大改觀。新鮮時，蓮子可以像植物最尖端的嫩芽般，不粉不渣，是接近脆又更富水潤感的，豐豐飽飽的水潤感。

而來自它自己的甜甜香味裡，很意外的，還飄來荷葉的清香，甚至是蓮花的幽香。不妖嬈的，很素很淨的白花香，那麼清雅，卻在最後清楚具體地竄出來，很有存在感。也太迷人了吧。

明明是十月，是秋末，這碗有婉約白花香、芽筍一般質地的蓮子，卻給人一種春天的氣息。

我不知道該不該把母親所述說，蓮子潤燥養心之類的漢方養生功效，翻譯成：喝了讓人好像回到初春般的新芽綻放感。但心裡是真的受到了滋潤。特別是親手摘採，親手剝剝，感受第一線的新鮮。我暗暗認定以後什麼季節食材，一定要搶在它鮮鮮嫩嫩時品嚐，才得以一親它原有的奧妙滋味。

朋友沒有要那麼輕易放我離開池上。她帶著我四處亂跑，大多做一些不太能寫在報上的事。比方說去田埂邊上（盜？）採朝天椒，或是幾個人圍著一棵桂樹採花，路過無人管轄的山中野徑，也拔了薑。土地上冒出了什麼，就享用什麼。

最後一晚的晚餐前，她帶我拜訪了蜂農。在蜂農客廳的桌上，是幾小盤剛焙好沒有多久的桂圓。

我很自動地伸手一抓，蜂農跟我說，這是「大貢」，妳要不要試試「十月」？

原來臺灣的龍眼，據說有十五種品種那麼多。粉殼、紅殼、青殼、大貢，實在太多了。嘉義竹崎盛產的大貢種桂圓，甜，香，沒話說，但「十月」是什麼？

他們默默地抓了一把「十月龍眼」的生果出來。它是秋末這個季節才成熟的品種，也是最晚一批的龍眼。不比較不知道，一剝開來，十月龍眼的果肉好厚、好Q。用他們的話形容，就是如「冬瓜肉」一般，厚、潤、半透明感地水彈水彈，和其他品種比起來，帶有更韌一些的質地。

拾起一把十月龍眼製成的桂圓，啵地一聲捏開來，外部一層粉土噴迸，內層的桂圓肉晶瑩剔透。總以為桂圓肉都是暗暗黑黑、灰灰樸樸的，這時卻彷彿有光從裡面透出來。Q，不用說當然很Q，而且可以用「很肥厚」來形容。大部分桂圓，如果老老實實地烘透焙乾，果肉已經緊緊黏在核仁上。但十月龍眼製成的桂圓，卻微妙地肥上一層。蜂農跟我說，燉起湯來，它更韌更耐燉，也更豐厚有嚼勁。

然而我卻被大貢種的桂圓，迷得七葷八素。

知道它很蜜甜，初入口是焦糖香、麥芽甜味和龍眼蜜香交織的甜味。然而木質調慢慢暈開來，有柴燒一般的煙燻味，最後是雪茄一般淡淡的菸草香。我一回神發現自己好像不是在形容桂圓，而是形容威士忌一樣。但真的一點不誇張，它就像威士忌一樣，微帶喉韻，入喉許久後還繚繞回甘、香氣。

原來，蜂農女主人的老家在嘉義竹崎，至今，她們家仍用一種老實的古法在烘龍眼乾，才使得它回甘香氣連綿不絕。

這種古法，就是將嘉義竹崎特殊的石材，研磨成紅土，在帶殼龍眼生果上裹上一層，才用已經四、五十年的柴燒老窯去烘。薄薄一層紅土，卻能使燜燒的後勁延續。這股後勁，帶出了煙燻味與木質調，簡直就像是過了橡木桶一樣的深沉複雜。

我貪心又好奇地，回家用大貢、十月兩種桂圓，快火煮成一鍋湯。倒不是要燉到怎樣的天荒地老，香氣剛出未出的時候，就快快地把新鮮蓮子下鍋，滾個兩下就行，想要趁鮮嚐鮮。

這實在是一碗不需要廚藝，甚至不需要花大把時間的美味。桂圓的蜜甜，輕煮即出，蓮子清甜，脆脆嫩嫩。好讓人舒心無壓的一碗。

這幾年夏末，甚至到秋冬，都可以在市場上尋得新鮮的，或急速冷凍、可以復溫如鮮的蓮子，很方便。怎麼從前完全沒注意到過？

母親跟我個性不太一樣，我若知道以前怎麼逼小孩她都不吃的好東西，現在居然終於懂了，大概先翻八遍白眼，她大概只會平淡地說，對啊，蓮子是好東西。莫非，這真是長期養生下來的好脾氣？我得快多喝兩碗。

桂圓紅棗蓮子湯　食譜

推薦材料：

新鮮或冷凍蓮子一把、帶殼桂圓十顆、紅棗若干、紅糖適量

做法：

1. 剝下帶殼桂圓的桂圓肉備用。
2. 新鮮或冷凍蓮子（恢復為常溫）洗淨，注意蓮心是否剔除乾淨（若否，用牙籤刺進蓮子尖端突起處，將裡面的蓮心頂出）。
3. 鍋中放三碗水，放入紅棗、桂圓肉，將其煮滾，並以中小火續煮約十分鐘。
4. 將新鮮蓮子放入紅棗桂圓湯中，可以用中火略滾五分鐘，取其爽脆口感；喜歡較鬆軟口感，可以蓋上鍋蓋，中小火續煮十多分鐘。
5. 依最後剩下的水量為準，趁熱置入符合口味濃淡的紅糖量，待其融化調勻即可。

原載於《聯合晚報》副刊，二〇一七年十月二十八日
後收入《秋刀魚一條半》，臺北：合作社，二〇一八

飲料

一個不是太愛喝酒的人想到的事

馬世芳

廣播人，作家，1971年生於臺北。著有散文輯《地下鄉愁藍調》、《昨日書》、《耳朵借我》、《歌物件》，曾獲讀書人年度最佳書獎、開卷年度好書獎，並五度獲頒廣播金鐘獎。主編有《永遠的未央歌：現代民歌／校園歌曲20年紀念冊》、《台灣流行音樂200最佳專輯》、《民歌四十時空地圖》等書。

人生第一口酒，是爸爸餵的，那年我不超過三歲。估計爸爸也是醉了，很慷慨地裝了一奶瓶啤酒給我，我也居然咕嘟咕嘟喝了大半瓶。據說後來興奮得不停翻筋斗，一個接一個，翻了一整夜。不知道是不是那回喝壞了，直到長大成人，我對酒都沒有太多興致了。

爺爺奶奶父親均善飲，外公外婆母親這邊則不怎麼愛喝。據說爺爺極能喝，我沒親眼見過。爸爸也愛喝，小時候家裡攢著半公升罈裝的金門大麴，酒精六十八度，爸爸總說它可以直接蘸棉花消毒傷口。爸爸時不時抿一小杯，興起就招我過去，拿筷子沾了給我嘗，看我嗆得皺眉吐舌，引以為樂。

有一天，可能是讀了巴黎那些窮藝術家喝苦艾酒要放一塊浸了酒點了火的方糖，爸爸突發奇想，把全家燈都關了，斟一杯高粱，劃根火柴點著，冒起薄薄青藍色的火燄。爸爸舉起杯子，得意地繞著客廳走，像拿著花燈遊街。我和弟弟興奮地跟著繞來繞去，啪一聲瓷杯燒裂，酒流了一地。我再也沒見過那樣美麗的一杯高粱。

後來長大一點，見善文善歌者多半善飲，以為喝了就能拿到「大人世界」的門票。十七歲，和哥們兒去放著搖滾樂的Pub頹頹坐著，也只會喝啤酒，也不知道哪裡好喝，往往加很多冰塊，這樣喝得更久一點。一瓶臺啤六百西西總也喝不完，起身去廁所卻有點頭重腳輕了。吸著瀰漫的二手菸，聽著轟轟的老搖滾，頭抵在廁所牆上，想，啊這大概就是長大的感覺了吧。

酒是搖滾的燃料，The Doors英俊不可逼視的墮落王子Jim Morrison（1943-1971）就老浸在酒缸裡。一下要你帶他去最近的威士忌吧，再喝不到酒就同歸於盡。一下又說一大早爬起來先開一瓶啤酒，反正未來不知會怎樣，末日永遠在眼前。

我邊聽邊想：日子要過成怎樣，才會喝啤酒當早餐？又想，乾脆睡到下午再繼續喝，不是更rocker？原來「今天早上爬起來」是行之有年的歌詞套語，早在二十世紀初，揹吉他走鄉闖鎮的黑人藍調歌手就一天到晚在唱這句。歌裡凡唱「今天早上爬起來」之後肯定沒好事：女人跑了，頭疼得要死了，鞋不見了，病得下不了床了，魔鬼來敲門了。Jim Morrison還能喝啤酒，算是活得比較滋潤的。

藍調歌手無不嗜酒，不嗜酒無以唱藍調。從歌詞看，他們最常喝劣質威士忌，其次喝琴酒，偶爾也喝一兩杯葡萄酒。至於啤酒，那是拿來解渴的，不算酒。藍調歌手最慘的時光，是二、三〇年代之交美國禁酒令時期，歌手走江湖只能喝愈來愈貴的私釀貨，偏又遇上經濟大蕭條，常常窮得沒酒喝。私酒行話叫「月光（moonshine）」：蒸餾私釀得避人耳目，多在夜裡趁月色偷偷摸摸做，私酒販子理所當然就叫「月光人（moonshiner）」。他們把私酒分裝小瓶藏進靴筒，叫它「靴子腿（bootleg）」。多年後，「靴子腿」衍生出另外一種意思：樂迷圈子裡流傳小眾、未經授權的私刻地下錄音。

酒鬼生不逢時，喝不上私釀貨，偏又酒癮鑽心怎麼辦？一九二八年，酒鬼歌手Tommy Johnson（1896-1956）唱的〈火罐頭藍調〉（Canned Heat Blues）提供幾種答案：

Crying, canned heat, mama
Sure, Lord, killing me
Takes alcorub to take these canned heat blues…

我哭啊，火罐頭，阿娘啊，
沒錯，老天爺，火罐頭正在殺死我……
要拿消毒酒精，解決這火罐頭哀歌……

Jake alcohol's ruined me, churning 'bout my soul
Because brown skin women don't do the easy roll
I woke up, up this morning, crying, canned heat 'round my bed……

「傑克酒」毀了我，絞碎我的靈魂
只因為褐皮膚的娘們，不跟我滾床單
我今天早上爬起來，我哭啊，床上床下都是火罐頭……

所謂「火罐頭」Canned Heat，就是裝粉紅色酒精膏的小燃料罐，我們偶爾還能在火鍋店看到。酒精膏含劇毒甲醇，吃下肚輕則瞎眼，重則送命。但是一窮二白的酒鬼管不了那麼多，他們發明獨門喝法：脫下襪子當濾布，從「火罐」挖出酒精膏，塞進襪子濾擠出液態酒精，加水稀釋了喝，自暴自棄，喝死拉倒。

Tommy Johnson還唱到另一種替代物，皮膚外用的消毒酒精（俗稱alcorub，主成分是異丙醇）。此物喝下去也容易中毒，通常用嗅的：鼻子湊上去使勁聞，把自己薰個半昏，亦足以忘憂。

至於所謂「傑克酒」Jake alcohol並不是酒，而是酒精濃度九十五%「牙買加薑精」（Jamaica Ginger）的諢號，原是外用藥，禁酒時期被有心人大量進口做私酒。它含有引起神經中毒的化合物TOCP，短短幾年間造成至少三到五萬人終身瘸腿、甚至四肢癱瘓，受害者幾乎都是社會底層的窮人。「傑克酒」中毒會一跛一跛，就叫「傑克腿」Jake leg，或者「傑克步」Jake walk。那年頭，有十幾首藍調、鄉村歌曲用這悲慘的「傑克腿」故事作題目，Tommy Johnson就唱過一首〈酒精與傑克藍調〉（Alcohol and Jake Blues）（1929）：

Drinking so much of Jake, till it done give me the limber leg
If I don't quit drinking it every morning, sure gonna kill me dead

喝了太多「傑克酒」，終於害我腳麻腿軟
再不戒掉它，每天早上喝啊喝，一定害死我自己

〈火罐頭藍調〉一口氣列出三種史上最慘烈的酒癮替代物。當你淪落到脫襪子擠酒精膏來喝、靠消毒酒精和外用藥解癮，連妓女都不想跟你做，人生恐怕真是跌到山窮水盡的谷底了。

將近三十年後，幾個白人小伙子組了個藍調搖滾樂團，團名就叫「火罐頭」Canned Heat，向沒酒喝的老前輩Tommy Johnson致意。他們的名曲〈Going Up the Country〉（1968）借用了一九二〇年代老藍調的旋律，主張上路逍遙，甩掉烏煙瘴氣的城市文明，完全投合嬉皮世代的口味，變成五十萬嬉皮青年集體狂歡的烏士托（Woodstock）音樂節主題曲。歌云：

> 我要去那好地方，水像美酒一樣甜
> 我們一起跳下水，從早到晚醉到翻

唉，這近乎無賴的憨態可掬的烏托邦。想想若這就是終極的嬉皮天堂，我大概也待不久的。

我應該算是可以喝一點的，只是不特別愛喝，遠遠喝不到臺灣人的年均值——臺灣人一年喝掉七億公升的酒，成年人平均一年喝六十幾罐啤酒，兩三瓶烈酒，一兩瓶葡萄酒。

嚴格說來，臺灣還不算善飲之國：日本人喝的酒，平均是臺灣人兩倍多。東京晚班電車總有滿臉通紅仰翻在座位的上班族，睡死的西裝大叔橫倒車站出口樓梯擋住了通道，大家默默抬腳跨過，沒人回頭多看一眼。韓國人更猛，每人每年喝一百五十瓶啤酒加六十三瓶燒酒。相較之下，臺灣人酒性還算溫良。

我先是無可無不可地喝了許多年的啤酒，又懵懵懂懂喝了幾年葡萄酒，人到中年，才懂得稍微喝一點烈酒。高粱，威士忌，白蘭地，小啜一口暫不落喉，舌面鋪開酒液，輕咂兩下，讓香氣隨酒精蒸散，溢入鼻腔。這樣斟一小杯慢慢喝，往往一頓飯都吃完了，酒還剩半杯。這種喝法，買一瓶酒可以撐好幾年，在行家眼裡是很沒有出息的。

這輩子喝暈了幾次是有的，卻從未喝到抱著馬桶吐，眼前一黑當場斷電，或是胡說八道醜態畢露，事後卻毫無記憶。每看戲裡演誰大醉醒來記不得自己的胡鬧，總懷疑真實世界哪有這種事，無非藉故裝傻。也是運氣好，我連當兵都沒被灌過酒，結婚宴客鬧洞房，竟也逃過酒劫。說這個倒不是得意，而是彷彿不知不覺錯過了某些生而為人總該經歷一下的事情。

偶爾大醉一場，似乎不難。我非自律嚴謹之人，卻一次次繞過去。有人喝酒但求一醉，而我對於醉酒，從來都沒有期待或依賴——人各有釋放人生淤積物的通道，我的通道，從來都不是酒。

我認識一些人，擁有見過地獄的眼睛。然而哪怕只是稍稍近於〈火罐頭藍調〉那樣慘烈的飢渴，或是Jim Morrison痛飲啤酒當早餐的自棄自毀，早已與我擦身而過。寡淡的日常聽失控的歌，像一小盅烈酒，入喉燒辣而量不致醉，只能調劑而已。

【本文曲目】

The Doors / Alabama Song (Whiskey Bar) (1967)
The Doors / Roadhouse Blues (1970)
Tommy Johnson / Canned Heat Blues (1928)
Tommy Johnson / Alcohol and Jake Blues (1929)
Canned Heat / Going Up the Country (1968)

原載於《鏡週刊》文化版，二〇一七年四月十日

說茶四題

鄭培凱

山東人，1949年隨父母赴臺，臺灣大學外文系畢業，於1970年負笈美國，獲耶魯大學歷史系博士。曾任教於紐約州立大學、耶魯大學、佩斯大學、臺灣大學、新竹清華大學、香港城市大學，現任香港非物質文化遺產咨詢委員會主席。學術興趣環繞文化史、藝術思維及文化美學，文藝創作以現代詩及散文為主。著有《賞心樂事誰家院》、《遨遊于藝》、《湯顯祖與晚明文化》、《在紐約看電影：電影與中國文化變遷》、《新英格蘭詩草》、《也許要落雨》、《從何說起》、《真理愈辯愈昏》、《樹倒猢猻散之後》、《遊於藝：跨文化美食》、《行腳八方》、《吹笛到天明》等三十餘種。

1. 望茶興嘆

玉川子盧仝（795-835），是唐代中期著名的詩人，好喝茶，後代經常把他與陸羽並稱。現代人最喜歡引用他的〈七碗茶〉一詩：「一碗喉吻潤，二碗破孤悶。三碗搜枯腸，唯有文字五千卷。四碗發輕汗，平生不平事，盡向毛孔散。五碗肌骨清，六碗通仙靈。七碗吃不得也，唯覺兩腋習習清風生。」只要是跟茶有關的物件或地方，總是用各種字體，密密麻麻印著盧仝的詩句。裝茶的茶罐上見得到，送禮的茶盒上見得到，賣茶的廣告上見得到，走進一些裝修古雅的茶室，也時常迎面而來，在牆上寫滿了這一段盧仝詩句。好像盧仝是推廣茶葉的代言人，為了鼓吹喝茶的好處，呼籲人們喝茶，專門寫了這首詩，讓賣茶的、買茶的、喝茶的都感到精神滿足，身心愉快，飄飄似神仙。其實，這是個美麗的誤會，而且大概還介入了現代商業炒作的伎倆，故意斷章取義，有意製造假象，讓人以為盧仝寫過〈七碗茶〉這麼一首詩。

盧仝從來沒寫過〈七碗茶〉這樣一首獨立成章的詩。這些詩句是他寫的沒錯，卻來自〈走筆謝孟諫議寄新茶〉，是一首長詩當中的段落，不但有前後文，而且看了前後文，你就知道，他說喝茶能通仙靈的感覺，不是所要誇耀的主旨。這首長詩共分三段，第一段寫好友孟諫議送新茶給他，是早春上貢的好茶。皇帝要嘗新，老百姓就必須冒著生命危險，在驚蟄期間就上山去採茶：「聞道新年入山裡，蟄蟲驚動春風起。天子須嘗陽羨茶，百草不敢先開花。」第二段寫的，是新茶真好喝，也就是一般人豔稱的所謂「七碗茶」。接著就有第三段：「蓬萊山，在何處？玉川子，乘此清風欲歸去。山中群仙司下土，地位清高隔風雨。安得知，百萬億蒼生，墮在顛崖受辛苦！便為諫議問蒼生，到頭合得蘇息否？」這才是全詩的主旨，說的是民間疾苦，是蒼生不得安寧，為了皇帝喝新茶，「墮在顛崖受辛苦」。

盧仝寫了一首為民請命的詩，批評皇帝老子只顧喝新茶，不管蒼生性命，是一首諷喻的好詩。怎麼到了現代人的手裡，就斬頭去尾，斷章取義，完全不顧詩人的原意了呢？這第三段雖然有點隱晦，使用詩家想像的婉轉筆法，卻也不會看不懂的。他說喝了七碗茶後，飄飄似神仙，乘風歸蓬萊仙山而去。看到仙山上的神仙無憂無慮，統治著生活在人間大地的百姓，自己地位清高，無風無雨，全然不知民間疾苦。盧仝便從送茶的孟諫議想到天下蒼生，不知何時才能安居樂業，不受官府的無情驅使。

寫官府驅使百姓冒著嚴寒，上山採茶，作為早春貢品，供朝廷在清明祭祀及宴請群臣之用，以至於民不聊生，是唐宋詩人關心民瘼的一個主題。唐宣宗時期中進士的李郢，寫過〈茶山貢焙歌〉，批評官府為了早春採茶而魚肉百姓，詩句更是凌厲，毫不留情：「春風三月貢茶時，盡逐紅旗到山裡。焙中清曉朱門開，筐箱漸見新芽來。凌煙觸露不停採，官家赤印連帖催。朝飢暮匍誰興哀，喧闐競納不盈掬。……茶成拜表貢天子，萬人爭啖春山摧。驛騎鞭聲砉流電，半夜驅夫誰復見？十日王程路四千，到時須及清明宴。」為了趕上清明宴，地方官府把老百姓驅上山，還到處打著紅旗，頗似大躍進時期改天換地的情景，表面上遍山熱火朝天，士氣昂揚，實際卻是飢寒交迫，苦不堪言。回顧唐朝貢茶的歷史，知道喝明前茶背後具體採茶的辛苦過程，讓人不勝浩嘆。

唐朝一位來到顧渚御茶園監督的官員袁高（727-786），寫了首〈茶山詩〉，把他親身目睹的早春採茶情景，描繪得歷歷在目：「黎甿輟農桑，采掇實苦辛。一夫旦當役，盡室皆同臻。捫葛上欹壁，蓬頭入荒榛。終朝不盈掬，手足皆鱗皴。悲嗟遍空山，草木為不春。陰嶺芽未吐，使者牒已頻。心爭造化功，走挺麋鹿均。選納無晝夜，搗聲昏繼晨。眾工何枯槁，俯視彌傷神。」茶民的辛苦，讓他望茶興嘆，也使他彌感傷神，做出了一件值得稱頌的壯舉。他把這首〈茶山詩〉和監製的三千六百串貢茶，一道獻給了皇帝，居然還得到了朝廷的回應，減輕了貢茶的數量。

希望朋友喝明前茶的時候，也想到唐朝有這麼三位寫茶詩的正直詩人。

2. 煎茶寫詩

蘇東坡喜歡喝茶，寫過大量的茶詩，抒發飲茶的樂趣，從中可以窺見詩人爽朗適意的性格，以及隨遇而安的心境。經常被人引用的一首〈汲江煎茶〉，是他晚年遭貶流放，在海南儋州寫的：「活水還須活火煎，自臨釣石取深清。大瓢貯月歸春甕，小勺分江入夜瓶。雪乳已翻煎處腳，松風忽做瀉時聲。枯腸未易禁三碗，坐聽荒城長短更。」這首詩寫得非常好，寫喝茶的過程，從自己夜裡到江邊汲水，煎茶時水乳翻騰，到空腹喝了三碗，結果睡不著覺，聽到海陬邊城長長短短的更聲。表面上文字順暢，平鋪直敘，其實運用了精妙的詩藝，融入了喝茶的典故，讓懂茶懂詩的人讀起來，感到妙趣無窮。妙在哪裡呢？我們且聽聽古人的分析。

南宋詩人楊萬里也是個愛茶之人，他認為這首詩整體而言，「七言八句，一篇之中句句皆奇。一句之中，字字皆奇。」第二句「自臨釣石取深清」寫得精采至極：「七字而具五意：水清，一也；深清取清者，二也；石下之水，非有泥土，三也；石乃釣石，非尋常之石，四也；東坡自汲，非遣卒奴，五也。」指出第二句的精采，也就順理成章點出第一句「活水還須活火煎」的立意，說明了為什麼要深夜到江邊去取水。接下的三四兩句，「大瓢貯月……小勺分江」，楊萬里說，「其狀水之清美極矣，『分江』兩字，此尤難下。」

怎麼理解楊萬里的評析呢？喝茶講究用水，蘇東坡被貶到海南瘴癘之地，居然雅興不減，自己在春夜去取水，而且要到江邊去取最清澈的江水。取水用的是大瓢，不說「貯水歸春甕」，而說「貯月歸春甕」，描寫月色明媚，映照在水甕之中，好像把月亮貯入甕中，更顯得江水的清澈。回來烹茶，用小勺把甕中的水，分到茶瓶裡面，寫的不是「小勺分水」，而是「小勺分江」，把春江夜景的意象灌入了茶瓶，遣詞用字瀟灑自如，正好與「大瓢貯月」對仗工整，顯示清夜之中飲茶的詩情畫意，讓楊萬里佩服得五體投地。

對於這首詩的妙處，楊萬里還有更深刻的分析。他說，「雪乳已翻煎處腳，松風忽做瀉時聲」，用的是倒裝語法，「尤為詩家妙法，即杜少陵（杜甫）『紅（香）稻啄餘鸚鵡粒，碧梧棲老鳳凰枝』也。」所以，蘇東坡寫烹茶的過程，把煎茶的色彩與聲響，都描繪了出來，卻用倒裝語法，扭轉原來平鋪直敘的「煎處已翻雪乳腳，瀉時忽做松風聲」，突出「雪乳」（茶湯沫餑的雪白色）與「松風」（水沸如松濤之聲）。一首敘述喝茶的詩，原來如平靜流動的江水，夜色澄靜，萬籟無聲，突然進入了峽谷險灘，每一個字都跳躍起來，奇峰突起，就如東坡的詩句，「驚濤裂岸，捲起千堆雪」。從取水的寧靜到烹茶的躍動，一首詩不但從平面變為立體，而且陡然跳了起來，的確是「字字皆奇」。

最後的結尾兩句，楊萬里也有說法：「『枯腸未易禁三碗，坐聽荒城長短更』，更翻盧仝公案，仝吃到七碗，坡不禁三碗。山城更漏無定，『長短』二字有無窮之味。」這裡講的盧仝公案，指的就是盧仝名詩〈走筆謝孟諫議寄新茶〉中提到的「七碗茶」：「一碗喉吻潤，二碗破孤悶。三碗搜枯腸，唯有文字五千卷。四碗發輕汗，平生不平事，盡向毛孔散……」。蘇東坡夜裡空腹喝茶，說是喝到第三碗就支持不住了，心底大概想的是自己的文章，遠遠超過盧仝的「文字五千卷」，卻淪落到天涯海角的儋州，夜聽荒城敲響斷斷續續的更聲。

蘇東坡還寫過一首〈試院煎茶〉，其中有這樣的句子：「蟹眼已過魚眼生，颼颼欲作松風鳴。蒙茸出磨細珠落，眩轉繞甌飛雪輕……不用撐腸拄腹文字五千卷，但願一甌常及睡足日高時。」寫煎茶的程序，與〈汲江煎茶〉所述類同，說自己滿腹經綸，卻「貧病常苦飢」，雖然感慨平生事功坎坷，但是能夠喝一碗好茶，一覺睡到日頭高起，也不失為人生一樂。

從蘇東坡喝茶寫詩之中，我們看到了一種豁達人生的境界。

3. 關於白茶

時常有人問我，白茶是怎麼回事？安吉白茶是白茶，應該沒有問題吧？怎麼喝起來的口感及香氣，與同屬白茶的白牡丹如此不同？寧波福泉山近十幾年來種植福泉白茶，挑選早春的上等茶芽，價格達到每斤一萬兩千人民幣，怎麼喝起來是清靈的綠茶感覺，完全不同於白茶的翹楚銀針白毫？白茶到底是怎麼回事？是不是有兩種不同系統的白茶？

其實中國人講到飲食，時常按自己的意思，隨心所欲去冠名定義，隨意性很大。比如說，喝白酒。不同人所說的白酒，經常是完全不同性質的白酒。你到中國內地飯館吃飯，隨口說要一瓶白酒，幾乎百分之百，給你上來一瓶蒸餾白酒，從紅星二鍋頭、衡水老白乾、洋河大麵（已經改稱「藍色經典」），到瀘州老窖、五糧液、茅台，甚至提供金門高粱，酒精度可以達到五、六十度。你喝得暈乎乎的，回到酒店倒頭就睡，睡到第二天中午，匆匆忙忙趕飛機回香港。飛機上也提供餐飲，空中小姐問你喝什麼，隨口說白酒吧，上來的一定是一杯白葡萄酒，酒精度在十五度左右。同是白酒，可是質地卻天差地別。定義的標準似乎也有，不過要看什麼場合、什麼人說什麼話，就好像某些國學大師談中國文化，運用之妙存乎一心，一會兒龍戰於野，一會兒有鳳來儀，讓人聽得暈陶陶的，就是搞不清楚他到底說些什麼。不過，這大概也算是文化傳統，可以列為國家級的非物質文化遺產。《莊子．齊物論》就說過狙公養猴的寓言，分果子給每隻猴子：「朝三而暮四，群狙皆怒。曰，然則朝四而暮三，群狙皆悅。」顛來倒去，隨口換個名目，大家都滿意，甚至趨之若鶩。完全不同質地的茶，製作方式不同，口感不同，卻都叫白茶，大概也有這樣的文化背景，馬馬虎虎，好聽就行。

按照現代茶業的專業標準定義，白茶是一種輕微發酵的茶，其基本工藝是經過凋萎、曬乾或烘乾而成。主要產地是福建，飲用的流行區域是閩廣一帶。因此，銀針白毫、福鼎大白茶、壽眉等，都屬於專業定義的白茶。從茶業分類的規範而言，安吉白茶與福泉白茶，則是典型的綠茶，是不發酵茶，基本製作工藝與正宗白茶不同，結合了殺青、炒青、烘焙的技術而成，算是浙江綠茶的精細製茶工藝產品，是二十一世紀的新產品。

既然是綠茶，為什麼安吉白茶非要自稱「白茶」，是在那裡魚目混珠嗎？其實，現代高科技幹的事，基本上就是文明的人定勝天，青出於藍而勝於藍，魚目混珠而勝於珠。君不見，高科技可以做人造鑽石，可以轉基因，可以製造比人腦更高明的電腦，為什麼不能發明新白茶？安吉白茶與福泉白茶這種新白茶，口感清靈優雅，更勝一般綠茶，也與正宗白茶的醇厚不同。從色調角度而言，不曾經過發酵程序，色澤清白明亮，更符合白色的定義。白牡丹經過輕微發酵，茶湯偏黃，我的茶湯比你白，怎麼不能叫「白茶」？再追索下去，新白茶堅持白茶稱號，還有個隱藏在歷史文化中的祕密，因為九百年前的宋徽宗曾說過，白茶是最高級的茶。既然宋徽宗都這麼說，這個品牌非用不可。

宋徽宗在《大觀茶論》說過：「白茶自為一種，與常茶不同。其條敷闡，其葉瑩薄。崖林間偶然生出，蓋非人力所可致。……須製造精微，運度得宜，則表裡昭澈，如玉之在璞，他無與倫也。」主要強調的是，白茶是大自然中偶爾出現的品種，製作工序精微，晶瑩透徹，最適合宋代點茶需要呈現的白色沫餑，就成了宋代茶飲審美的典範，轉為中國茶飲文化最高境界的物質基礎。可是我們不要忘了，宋朝人製作白茶的工藝，是滌洗之後的蒸青壓模，再碾末沖泡，擊拂拉花，跟今天的新白茶，除了一個「白」字，真是風馬牛不相及的。

但是，安吉的科技人員了不起，有志氣，一九七〇年代在安吉深山竹林中發現了一株千年古茶樹，據說就是宋代的白茶，經過幾十年的研究與育種，繁殖出了「白茶一號」，終於可以上溯到宋徽宗的白茶傳統，繼絕興亡，重塑宋徽宗飲茶的最高境界。因此，安吉白茶雖然是綠茶，卻自稱傳承有序，無愧「白茶」之名。

4. 雞頭鴨腳

香港有所高中請我去講「茶與中國文化」，我欣然答允，應約前往，給學生講了陸羽創製茶道、唐宋流行末茶烹煎、發展到點茶拉花、日本茶道繼承唐宋茶道等等歷史傳承。同學們聽我說道從五代到宋朝，古人點茶會拂擊拉花，有個福全和尚能在四只茶盞中拉出一首絕句，本領之高，遠超當今的卡布奇諾達人，簡直是不可同日而語，都引發了無限興趣，在臺下交頭接耳，嘰嘰喳喳。我問他們，有沒有看過卡布奇諾達人可以拉花拉出一首詩的？他們哄堂大笑，齊聲回答，沒有。還問，宋朝人喝茶，還有別的花樣嗎？

我說有的，宋朝人喝茶花樣很多，在茶湯裡面放各種各樣的佐料，和你們很像，喜歡喝泡沫紅茶、珍珠奶茶，還放什麼青蛙蛋那樣。南宋首都臨安（杭州）到處都有茶肆，裡面就賣各式「七寶擂茶」，放進各類果蔬與堅果，喝得不亦樂乎。傳為陶穀寫的〈清異錄〉中，記載五代北宋點茶的花樣，有「漏影春法」：「用鏤紙貼盞，糝茶而去紙，偽為花身；別以荔肉為葉，松實、鴨腳之類珍物為蕊，沸湯點攪。」就在茶湯裡放了荔枝、松仁、鴨腳。明代顧元慶、錢椿年的〈茶譜〉記載，說宋元以來喝茶加料，經常加入：松子、柑橙、杏仁、蓮心、木香、梅花、茉莉、薔薇、木樨、牛乳、番桃、荔枝、圓眼、水梨、枇杷、柿餅、膠棗、火桃、楊梅、橙橘之類。他們是反對亂放佐料的，認為破壞了茶湯的真味：「凡飲佳茶，去果方覺清絕，雜之則無辯矣。若必曰所宜，核桃、榛子、瓜仁、棗仁、菱米、欖仁、栗子、雞頭、銀杏、山藥、筍乾、芝麻、莒萵、萵巨、芹菜之類精製，或可用也。」

同學聽我說到茶湯裡面還有雞頭、鴨腳，都感到匪夷所思。我問他們，雞頭、鴨腳是什麼？他們就笑，有幾個膽大的，就回應說，雞的頭、鴨的腳，不是嗎？我笑著說，chicken head、duck feet？他們大笑，顯露了青春童稚的開心，有的女生還把頭擁進鄰座的懷裡。

其實，雞頭就是雞頭米，也就是芡實。北魏賈思勰〈齊民要術〉：「雞頭，一名雁喙，即今芡子是也。由子形上花似雞冠，故名曰雞頭。」唐徐凝〈侍郎宅泛池〉：「蓮子花邊回竹岸，雞頭葉上蕩蘭舟。」《紅樓夢》三十七回「秋爽齋偶結海棠社，蘅蕪苑夜擬菊花題」，說到襲人打點了東西，讓人給史湘雲送去，「端過兩個小掐絲盒子來，先揭開一個，裡面裝的是紅菱和雞頭兩樣鮮果，又那一個，是一碟子桂花糖蒸新栗粉糕。」

這種雞頭米，亦稱雞頭肉，主要出產在江南太湖周遭，以蘇州葑門南塘一帶為勝，為水八仙的一種。中秋前後上市，在蘇州有「南塘雞頭大塘藕」之美譽。清代沈朝初寫有〈憶江南〉，就說：「蘇州好，葑水種雞頭，瑩潤每凝珠十斛，柔香偏愛乳盈甌，細剝小庭幽」。現在蘇州人還是鍾愛雞頭肉，一般作為糖水甜品，加上清香撲鼻的桂花，金黃與嫩白相映成趣，滿足馥郁口感之外，看起來也賞心悅目。也經常作為清炒素齋的佐料，與鮮藕、嫩菱、荸薺一道下鍋，看似清風朗月，吃起來清爽可口，特別襯出雞頭肉的香糯之感。

雞頭肉的嫩白香糯，也出現在文學描寫豔情方面，成為形容女子乳房的象徵。宋代以來的野史逸聞，如劉斧〈青瑣高議〉，錄有一些楊貴妃宮闈祕聞，其中記楊貴妃出浴就說，「一日，貴妃浴出，對鏡勻面，裙腰褪，微露一乳，帝以手捫弄，指妃乳曰，『軟溫新剝雞頭肉。』祿山在旁對曰：『滑膩初凝塞上酥。』上笑曰：『信是胡人，只是酥。』」後代的小說戲曲沿襲這個傳聞，變成了典故，動輒就說新剝雞頭肉、酥胸之類，引人想入非非。

至於鴨腳，則是銀杏樹的別名，也指銀杏的果實白果，因為樹葉似鴨掌狀。陸游的詩〈十月旦日至近村〉：「鴨腳葉黃烏臼丹，草煙小店風雨寒。」另一首〈聽雪為客置茶果〉：「不飣栗與梨，猶能烹鴨腳。」元代王禎《農書》卷九也說：「銀杏之得名，以其實之白。一名鴨腳，取其葉之似。」

同學聽我解釋，知道雞頭米及鴨腳都是果實，才大大舒了一口氣。

原載於《聯合報》聯合副刊，二〇一七年六月二十五日

品味

得閒蛋炒飯

郭珊

1980年夏出生於重慶。2002年畢業於北京大學中文系，獲本科學士學位。2002年8月至今定居廣州，就職於南方報業傳媒集團《南方日報》文體新聞中心。曾獲2011年聯合報文學獎散文類評審獎、2012年聯合報文學獎小說類評審獎。

一日三餐，是用身體寫給歲月和世界的一封封情書。而雞蛋作為最常見的一樣食物，等同於情書中的高頻詞彙，隔三差五就要跳出來隔空索吻。中午蛋炒飯，「想死你了」，晚上蛋花湯，「哎呀，又想你了」。如此纏綿悱惻，從齒到胃，由胃轉腸，一路情慾紛紛，撩騷不絕。

雞蛋的好，在於可賓可主，任葷任素，或圓或碎，豐儉皆宜。擱在食材堆裡，屬於門面熟、交情廣、路子多的靈通人士，哪裡都能碰上它，跟誰都是相見恨晚。

《白鹿原》裡鹿子霖月下喝酒，兒媳上了四樣小炒，炒雞蛋、醋溜筍瓜、燒豆腐和涼拌綠豆芽。每一碟都是一折小曲獨唱，看起來寡淡，但還是給半生都在女人堆裡打滾的老滑頭一眼瞧出了那點小九九，柴房裡頭搽粉——勤中藏奸；王安憶在《流逝》裡寫端麗做的家常菜，紅燒肉臥雞蛋，鋪點乾菜，也是鄉下做法，粗，但不野。吸飽了肉汁的雞蛋和乾菜滋出一身油珠子，潤腴噴香，梨花著赤露，木頭上金漆，有點風光大嫁的意思。若是換了肉燥蒸水蛋，就成了大女人配小丈夫，可見能屈能伸、不爭不搶，是為智慧。

韭黃肉絲、粉絲、豆芽菜同炒，蓋上一張攤雞蛋，便是所謂「合菜戴帽兒」，很符合梁實秋老派書齋中人的調子，文雅淳靜，有講究，亦曉市井人情；魯南八大碗裡的雞蛋湯我沒嘗過，只讀過。聽說要用豬肺丁、蝦皮和老湯燒汁，還要拌上醋、淋上香油。單瞧這配方便知味重如山，難怪要用蔥末和芫荽末來解，於下水的臊和海貨的腥之間，策馬仗劍、劈山削石，殺出一條生路來。既是響馬故里，想必碗大如盆，啪地一聲端上桌，吃完不共投梁山，更待何時？

然而，雖有超強的適應度和可塑性，饒是情聖卻也有他的心水良配，百花過盡，燈火闌珊，終得覓一兩個長情知心人，浪蕩歇腳處。雞蛋的老相好之一非番茄莫屬。汪曾祺曾大讚昆明的番茄炒蛋，番茄炒至斷生，仍有清香，不疲軟，雞蛋成大塊，不發死。番茄與雞蛋相雜，顏色仍分明，不像北方的西紅柿炒雞蛋，炒得「一塌糊塗」。

其實，乾溜有乾溜的妙，溼炒有溼炒的好。我做番茄炒蛋，偏偏就愛將番茄用熱油蒜頭爆香，逼出酸稠的汁兒來，用汁炒蛋，近乎燴，而且非得炒至「抵死纏綿」不可，反以「一塌糊塗」為榮，儘管我並不是北方人。

至於汪先生提到的雪花蛋，是用雞蛋清、溫熟豬油於小火上，不住地攪拌而成，老先生覺得受用無窮，「嫩如魚腦」，我卻避之不及，嫌膩得慌。唐吉訶德愛吃一道菜，脂油煎雞蛋，光聽名字就覺得胃壁上糊了一層泥。老家四川炒蛋也是用豬油，蛋液打勻，添點料酒，以求發泡。照我如今的口味，還是喜歡素油起鍋，大火燒旺，趁鍋氣最足時直接敲蛋落鍋，乒里乓啷一頓黃白混炒，乾坤作亂，有一種大煉鋼鐵般的粗暴快感。

中國之大，風俗喜好懸遠，食癖自難求苟同。微博上關於豆花有過鹹甜之爭，實屬無聊。拿雞蛋餅來說，你放蔥花和鹽，攤成煎餅果子，他調進小棗砂糖，蒸成糕餅點心，各美其美，又有何不可？就廚房大那麼丁點自由，倒還無處安放了？

話說回來，某些通行的規矩也還是要有的。譬如蛋炒飯，據說在海外唐人街中餐館常年穩坐頭把交椅。一份合格的蛋炒飯，大體上可以饕餮界首領唐魯孫的一段話作為標準：飯用隔夜冷飯，要把飯粒炒透，有響動，有「身骨」，要潤而不膩，透不浮油，雞蛋老嫩適中，蔥花煸去生蔥氣味，方算通過。這哪裡是在說炒蛋，簡直是訓人。

至於雞蛋是另外炒好，然後混入米飯同炒，還是先將飯炒鬆散，淋了打勻雞蛋往熱飯上一澆（名曰「金包銀」），這又是蛋炒飯的一大分水嶺。大概中外各個民族在吃食上都有些「我執」，好比英國人吃司康餅，是先塗果醬，再抹奶油，還是先抹奶油，再塗果醬，硬要分成兩大派。唐老先生是力挺前一種炒法的，理由是油炒飯再上一層蛋漿，不易消化。不過，若想炒出「飯要粒粒分開，還要沾著蛋」的效果，還真是「金包銀」的法子奏效。蛋液見縫就鑽，遇熱則凝，出鍋時已成桂花絲掛瓊玉屑，再撒點翡翠渣子蔥花碎，杜十娘的百寶箱，頃刻就怒沉到肚子裡去了。

港臺地區有種說法，管性愛叫「炒飯」。一種解釋是說米粒快炒時在鍋中顛撲翻滾的姿態，令人想入非非——「奴與潘郎宵宿久，象牙床上任你遊」，浪得豔慾橫流；此外還有一種說法，所謂「炒飯」，指的是快餐式性愛，隨意、無負擔。

《午夜巴塞羅那》（編按：臺譯《情遇巴塞隆納》）裡，男主角安東尼奧關於「炒飯」有一段很好玩的對白：如此良宵如此夜，身處一座浪漫的城市，我們都活得好好的，難道這些還不算「做愛的意義」嗎？

不論怎麼看待這個「意義」，有一點是肯定的，炒飯最緊要的是好吃。而我一向認為，沒有什麼「外賣」能比得上住家飯菜，炒飯當然也不例外——人沒點傲慢和偏執，是快活不起來的。

蛋炒飯出鍋的時候最誘人：一大鍋吱吱冒煙，像無數隻嘴對著耳朵熱辣呢喃；數不清的眼望著眼在轉盼流精，滿盤子粲然生光。不知身處極樂的佛祖看世間歡愛，萬家燈火，是否也如看一盤盤蛋炒飯呢？

扯遠了，飯怕冷，情怕等。人生苦短，得閒炒飯。趁熱，趁熱！

原載於《聯合報》聯合副刊，二〇一七年一月三十一日

辣的痛覺

林薇晨

1992年生於臺北，政治大學新聞系畢業。現就讀政治大學傳播碩士學位學程，撰寫《人間福報》副刊專欄「日常速寫」。散文曾入選二魚文化《2016飲食文選》，作品散見於報章雜誌與部落格「某某的絮絮」。

辣是一種微妙的兩難。芥末的嗆在鼻腔裡，可樂的氣泡在咽喉裡，有人說它們是辣的，其實不是，只是近於辣的通暢與酥麻，並且尊重個人意志，要芥末的就蘸，要可樂的就開，不要的就不要。

辣卻不同。辣是辣在整道菜裡面，一桌子人共享等量且均勻的辣，無一倖免，十分公平。可是眾人對於辣的敏銳程度也十分參差，某人覺得還好，某人口中可能就要噴出滾滾火花。挑嘴是趨吉避凶的本能，因此客人點餐時，躊躇調配整桌菜色大辣中辣小辣不辣的比例，便是時常可見的內部折衝，往往要耗掉許多時間。適時給予建議是一個服務生的責任之一，無奈我是很能吃辣的，唯恐自己的意見起了誤導作用，最後也僅能搬出菜單上面註明的辣度以供參考：一顆辣椒兩顆辣椒三顆辣椒，三顆就是極限了——最陽春的史高維爾指標。

而且，辣，這感受何其深刻又何其縹緲，即使服務生諄諄解釋哪道菜的辣來自辣椒粉，哪道菜的辣來自花椒油，哪道菜來自黑胡椒，哪道菜又來自是拉差，也還是太抽象，太晦澀難解。膽怯忌口的人索性統統不點了。具有冒險精神的人點來試試看，也許吃了之後，覺得別有洞天，也許吃了之後，恍惚進入南無的境界，辣得恭恭敬敬，服服貼貼，那也是一種遊歷。英諺有云：「布丁的證明，在品嘗中進行。」打拋牛的證明，綠咖哩雞的證明，冬蔭功湯的證明，辣椒的證明，一樣在品嘗中進行。

當然，折衷的辦法也有，那便是給客人送上一份泰式辣醬，任他隨心所欲添加。白瓷片口缽裡放了芫荽、魚露、檸檬汁、泰國辣椒末，客人拿根搗棒一邊聊天一邊研磨研磨研磨，排遣等待上菜的光陰，如同一種小巧的娛樂。其實也就是八分鐘而已。餐廳組織規定內場師傅接獲點餐後八分鐘內得為客人趕出第一道菜。就在這短暫的時間裡，片口缽裡辣椒素緩緩釋放釋放釋放，潛伏著，等待入口後在人的舌尖刺繡，倏忽繡出深紅淺紅的珊瑚，微血管一般枝枝蔓蔓。

某次有個戴墨鏡的客人來吃飯，表明自己正值割完雙眼皮第三日，碰不得辣，然而服務生挑出不辣的菜色左介紹右介紹天花亂墜，她倒又批評這些菜色不做辣的怎麼會好吃，百般刁難要求，令人不禁想道：「既然身體狀況如此，何苦非要吃泰國菜呢？」哪怕不吃辣，她自己就是個鳳辣子。多多少少，吃辣與割雙眼皮一樣是具有自虐性質的事，美滿的灼疼，喜悅的忍耐。不能吃辣而想吃辣是可同情的，不能吃辣而想吃辣而決定吃辣，那就是願打願挨了。無論如何人總該為自己的美負責。

通常，服務生替攙老扶幼的家庭推薦鳳梨蝦球或糖醋排骨，它們馥郁溫和，微帶嚼勁，對於不能吃辣的人是很好的替代選項。尤其我想對於兒童而言，軟與嫩，大約自出生以來早已嘗得不勝其煩了，簡直就是司空見慣的成人的敷衍。乖乖乖，小朋友吃這個。然而，脆彈，卻是口感上的第一道挑戰。一個習於咀嚼軟嫩之物的稚子，某日忽忽咬了一口脆彈的鳳梨蝦球，脆彈的糖醋排骨，那香甜本是在他意料之內的，然而他的齒頰感到一股新鮮的抵抗，需要費點力氣壓制它，噢，這是什麼呢，這是飲食不再作為欺哄糊弄的開端，是成長的里程碑。體驗了某一種攝取，於是進化了。像這樣的飲食方面的關卡，之後還要輪到辣，再之後還要輪到醉。懂得了辣的滋味與醉的意思，那意義又是兩樣，堪比性的啟蒙。

在經典港片《第六感奇緣之人魚傳說》中，美人魚為了拯救溺水的男老師，將體內有助潛水的珍珠餵給了他，導致自己無法重返大海。之後美人魚上岸，冒充學生，千方百計要取回這顆珍珠——與男主角再次接吻。在夜市熱炒攤子，美人魚聽取舅舅的指導，蓄意點了一盤辣椒炒海瓜子，假裝給辣得不得了，一邊搧涼一邊嘟嘴一邊將臉湊向男主角面前，要他給她滅滅火。不解風情的男主角只塞給她一杯冰可樂。這曖昧互動又希望落空的橋段，觀眾大概沒有不莞爾的。然而，正是在這場約會之後，美人魚對男主角的稱呼由「周老師」改為「阿志」，兩人算是彼此認定了。辣還真有一點湯燒火熱的蜜意。

有時候替客人點餐，在對坐的小方桌上，情侶中的一方輕輕問另一方：「你吃辣嗎？」那一方微笑點點頭，剎那間，兩人尚在試探的關係便清楚不過。戀愛已經發生，但還不到情侶的地步，只有不瞭解而欲瞭解時才有這樣的細膩體貼，如同擔心一個孩子吃不了辣。其實這兩人即使不吃辣，彼此之間的氛圍也早已辣得晴天霹靂了，心尖取代舌尖閃過一道金電，生出微微的哆嗦，使人想起梁秉鈞的詩集《蔬菜的政治》裡，有一首〈冬蔭功湯〉：「最辣是他的熱吻／最辣是她的冷漠／最辣是他的裸體／最辣是她的整齊／最辣是他的眼睛／最辣是她的心情」。

辣是一種痛覺。愛是一種痛覺。

原載於《人間福報》副刊，二〇一七年二月二日

馬賽吃魚

李柏青

1981年生，臺灣臺中人，臺灣大學法律系畢業，臺灣推理作家會員，理想是以作家為職業，法律為副業，不過現實正好相反，目前旅居瑞士。寫作以推理與歷史領域為主，出版有歷史小說《滅蜀記》、史普作品《橫走波瀾——劉備傳》、推理小說《親愛的你》、《最後一班慢車》，於《中國時報》副刊「三少四壯集」專欄撰寫雜文。

馬賽除了讓人想到《基督山恩仇記》、《Taxi》和馬賽進行曲以外，最有名的大概就是馬賽魚湯（bouillabaisse）了。

就如同馬賽的庶民氣質，馬賽魚湯出身也不甚高貴，據說原本是漁民將賣剩的雜魚下水混煮，配著麵包吃頓粗飽的粗菜，與臺灣滷肉飯起源有幾分類似。然而再粗糙原始的菜餚落到法國人手中最後也會變得龜毛講究，該放幾種魚，該放幾種香料，可否加入貝類或蝦蟹，全都有一番道理，就差沒討論魚的年分（這倒不是開玩笑，法國人吃沙丁魚罐頭便是要講產地講年分的，煮魚湯當然魚得是新鮮的）。

粗菜變得精細的結果就是價格不斐，我和妻子聽朋友推薦，開車來到距馬賽市區有段距離的一個小漁港，餐廳（用臺式說法就是海產店）在碼頭邊上，規模不大，佈置精緻，這裡的馬賽魚湯一人份要價五十五歐元。

事實上，馬賽魚湯和我們想像的「魚湯」相差十萬八千里，我便開玩笑說這是「碗中無湯，湯中無魚」，可謂是法國菜講究的極致。前菜過後，侍者會先送上一個空的湯盤，過一陣子，主廚從廚房中提個鐵鑊出來，用大湯杓逐桌為客人盛上湯——僅有湯而已，湯中沒有配料。待湯上了十分鐘，侍者才會再端來燉熟的魚塊與馬鈴薯。吃的時候，可以將魚料丟進湯裡，或是將魚切小片，夾著麵包抹醬料沾湯汁吃，倒沒有特別的規矩。

至於那湯也與我們對「魚湯」澄澈鮮甜的傳統印象大不相同，馬賽魚湯基本上是濃湯，以香料長時間熬煮，口感濃稠，味道鹹重，海鮮的味道只是輔助，單喝其實不好入口，得配著麵包與馬鈴薯，加上大蒜奶油，才會吃得爽快。湯和麵包都無限供應，這倒呼應馬賽魚湯源起——飽餐一頓的粗菜。或許有人可以考慮開發一道「馬賽魚湯飯」或湯麵的，對開發東亞市場更有賣點。

我會建議，若真想吃魚，別點什麼魚湯，就點尾新鮮的全魚吧。歐洲的餐廳要吃到帶頭帶尾的海魚並不容易，我們運氣不錯，那間海產店正好有供，侍者強調是當天撈捕、保證夠青夠甜。和在臺灣港邊吃魚差不多，魚是秤斤計價，可以指定料理方式，不過並不是在魚缸前挑活魚，而是由侍者以大托盤乘著魚到桌邊由顧客挑選。那天侍者端來五尾不同的魚，以流利的英文介紹，可憐我們除了海鱸（seabase）以外一概不識，最後挑了尾紅色鱗片、長相特別又順眼的，並指定以爐烤方式烹調。

前菜過後，侍者以鐵盤端上烤魚，在桌邊熟練地以刀叉去骨剔肉。他用的是無刃的餐刀，但見刀身劃過魚背，骨肉立即分離，沒半點沾黏，魚肉潔白又帶些粉紅，顯見火候掌握極佳。侍者將大塊魚肉夾上餐盤，又問我是否要魚頭，我告訴他臺灣人吃魚一定要啃魚頭，但他也沒將魚頭切下，只是將下巴、鰓邊、魚眼珠的肉剔下給我，果然魚頭上桌違背上帝教義的傳聞是真的。

未經任何調味的魚肉鮮美Q彈，魚皮魚下巴膠質黏口，沾些海鹽便相當美味，配著白酒，望著窗外一輪明月高懸海上，腦中突然放起〈快樂的出航〉的旋律。有點想家了。

原載於《中國時報》人間副刊，二〇一七年四月十九日

與海膽舌吻

郭珊

1980年夏出生於重慶。2002年畢業於北京大學中文系，獲本科學士學位。2002年8月至今定居廣州，就職於南方報業傳媒集團《南方日報》文體新聞中心。曾獲2011年聯合報文學獎散文類評審獎、2012年聯合報文學獎小說類評審獎。

女友送來一盒冰鮮海膽黃，產自加拿大。

幾條橘色的肥厚肉舌疊成塔，在室溫下漸漸從冰夢中甦醒，吐著一嘴軟銀子似的碎光，閃忽如譎笑。實為性腺的舌苔，約有一指長，密密地生著一層絲絨狀的鼓脹的苞芽，誘著人的眼在這金色的情慾的原野上放浪。淺黑色的消化道猶如一縷隱士小徑——古典小說裡的「草蛇灰線」，大都蓄著一種圖窮匕見的有預謀的亢奮。

頂級食材向來是食界的孤星，刑克眾生，不容爭輝。虎度門前，演得了《夜奔》與《思凡》的不過寥寥。既唱且做，空空地要演出個萬千山水、三界迷苦，這是大閘蟹或松茸級別的老倌才拿得下的戲寶。而海膽將獨食主義奉行得尤為徹底，連薑、醋、醬、芥之類的貼角都不需要，天然之味已是完足。

海膽蒸蛋、炒飯、做湯固然也好，卻都不若直接生食。豹子頭林沖最風光的戲分，定然不是在上山之後——火拚王倫、五虎封將再精采，怎比得落草之前的風雪山神廟，全場只看一人？恨天涯隻身流落，掙殘命奔走荒郊。那是真正的千山我獨行，渾身是「膽」，不勞相送。

含住一片，放在嘴裡啜吸、盤繞，一種舌面摩擦的酥癢的奇感，混合著涼潤的鹹腥氣，猶如與整個海洋深深溼吻。咬破的一瞬間，一股肥膩到煉乳程度的冷冽而回甘的漿汁登時迸裂，接連不斷地噴射出鮮到噎人的液態的火焰、沙石與煙團。脂肪酸、氨基酸、卵磷脂、多醣、多肽……延綿不絕的高潮澎湃，將一整座味蕾的城池都掩埋在熔岩與餘燼之下，因為烙傷之慘重而幾近「失味」。

之所以想到火山，是因為澀澤龍彥的《唐草物語》，其中一則講的是《博物志》作者普林尼與維蘇威山還有那不勒斯海灣紫色海膽的故事。在普林尼的時代，羅馬人已經嗜吃海膽，常見的吃法，是將海膽黏糊糊的、帶有甜味的卵巢搗碎後製成啫喱（編按：果凍），用銀色容器端出來享用。

比海膽的滋味更夢幻的是其謎一般的構造——海膽生滿棘刺、骨板嵌合如萬神殿的外殼，曾令維特魯威大為讚嘆；牙齒、鰓、管足、生殖腺、消化管，一律成五輻對稱，是超現實主義者的愛物，譬如畢卡索與達利的畫，還有高第主義的室內裝飾造型。

書中借普林尼之口，將這種沒有耳目、四肢和頭腦的被動生物稱為「人生的導師」——日復一日只在小小的領地裡捕食，如無必要極少動彈，「完全不關心周圍的世界」，「活得像作夢一樣」。早在五億年前的寒武紀，海膽就達到了進化的極致，結構與今日幾乎完全一樣，仿若「神在暗中操作的生命的閉合圓環」。

活生生的海膽，我只見過圖片。五個奶油色的孿生嬰胎向著腹心卷摺，像祭祀吟唱，又像圍爐夜話，守著被稱為「亞里斯多德提燈」（Aristotle's lantern）的複雜口器——一叢四面有框、卻從未點燃的幽冥之火。這些漂浮在宇宙洪水之中的金卵，遍布從極地到熱帶的海底，建造一座座尖塔林立的哥德教堂，供奉著蓮座之上、五五之數的創世模型。一如古代的中國人把對天地的想像——大黿馱著的神山雕刻成香爐的紐蓋，而崇拜太陽光芒的羅馬人則將心目中理想的城市築造成放射形狀。

據說末日降臨之時，亞特蘭蒂斯的倖存者潛入深海，在水底岩洞和礁林間棲身。這些陸上的先民改用鰓呼吸，生出腳蹼，身子變成半人半魚，一共建造了十二座擁有巨大穹頂的城市，祕密地存在了一萬二千多年。這些沙床上的花鈿，鱗蟲的蹴鞠，明代方士提煉的「雲丹」，是否也是一個個光華隱匿的異族文明的靈球，在時空的奇點裡瞬息膨脹與消亡，首尾相銜，始即是終，以至於用人類「想世事名韁利鎖，嘆韶華石火風燈」的眼光看來，反而成了恆久不變的呢？

「宇宙只是上帝的一閃念——這是個教人很不舒服的念頭，特別是如果你剛剛付了買房子的首期。」（伍迪．艾倫）此時此刻，我便是帶著如此這般的心情，與女友一起舔著指頭大啖，企圖從生而為人的愚蠢與虛無之中掙脫片刻。

兩隻海膽一邊享用藻類與有機物的殘屑，一邊談論著鮫人的紗衣與珠淚、蜃精吐煙凝成的宮闕、龍女的蒙難與報恩……今夜有大雨，我們還要打著飽嗝去戲園子裡，看岸上的人類演戲。

原載於《聯合報》聯合副刊，二〇一七年十月十五日

恨鰣魚多刺

郭珊

1980年夏出生於重慶。2002年畢業於北京大學中文系，獲本科學士學位。2002年8月至今定居廣州，就職於南方報業傳媒集團《南方日報》文體新聞中心。曾獲2011年聯合報文學獎散文類評審獎、2012年聯合報文學獎小說類評審獎。

「有人說過『三大恨事』是『一恨鰣魚多刺，二恨海棠無香』，第三件不記得了，也許因為我下意識地覺得應當是『三恨紅樓夢未完』……」

張愛玲在《紅樓夢魘》裡提到的「三大恨事」，前兩樁本是出自宋人的筆記《冷齋夜話》，原為「五恨」，非止於三：「一恨鰣魚多骨，二恨金橘大酸，三恨蓴菜性冷，四恨海棠無香，五恨曾子固不能作詩。」

慢慢的，三怨五恨變成了一場接龍遊戲，起頭的兩樁恨事被錯安在了張愛玲的頭上，成了她自己的說法。大約因其才名太盛，孤高特立，凡事由這樣的人恨來，似更有一絲「無言獨上西樓」的蒼涼況味。

何況，恨的物件又是絕跡多年的「長江三絕」之一。「江潮拍案鱗浮玉，夜月寒光掉尾銀。」一個江中西子，一個文壇遺響，留下的都是一片雲霧般的念想，目送心追，徒然令人悵惘。兩個放到一處，倒真是霞影紗逢著軟煙羅，瑞雲峰碰上玉玲瓏了。

相形之下，金橘、蓴菜、海棠諸物就未免太家常了一點，少了那麼一股傲世輕物的性子。沒有脾氣的恨，頂多只能算是牢騷。

鰣魚金貴不假：產地僅限長江下游、錢塘江、富春江流域，一年之中只有端午前後上市，魚性極嬌，離水便死，觸鱗即亡。野生鰣魚在上個世紀後半葉已宣告「功能性滅絕」。曾在報紙上讀到一則逸聞，一位杭州廚師在全國大賽上亮出一尾，評委一聽是長江鰣魚，個個激動得牙齒發抖，說話都不利索了，好像突然接到法旨去赴瑤池盛會，那蟠桃的名號光是聽一聽就能益壽延年似的。

光金貴或者品質尚不足，要成大名聲，少不得兩件事——朱筆的圈點，辭章的吹捧。譬如普洱茶，先有乾隆的垂青，後得魯迅的鍾愛，終於釀成氣候。歷朝歷代深諳此道的，莫過於女人中的花魁和男人中的俊彥，必得近京畿而親名士，才有嶄露頭角乃至於譽滿神州的可能。

季辛吉說：「權力是最好的春藥。」朝廷裡的政治巫術向來是滋償的最大推手。「鰣貢」於明代萬曆年間開始設立，在帝制年代做了一百多年的貢品。沈德符《萬曆野獲編》裡有一則特別有意思：運送「鰣貢」的貢船經由水道由南京送入京城，陸上走了一個多月，雖然沿途用冰來鎮，無奈一船鮮魚還是變成了臭穢，「幾欲嘔死」。御廚們不得不「雜調雞豕筍俎，以亂其氮」，意思就是把腐壞的魚混在雞肉、豬肉、筍片裡煮成雜燴，結果還是「不堪下箸」。

到了清代改用「飛騎」，日樹旗杆夜懸燈，馬不停蹄地接力傳送，須在二十二個時辰內送達。因為勞民傷財，地方官上疏力諫，康熙不得不下令「永免進貢」。聖祖六下江南，有五次以曹雪芹祖父曹寅任職所在的江寧織造府為行宮，而曹公精於廚藝，迎駕的正是其最拿手的清蒸鰣魚。

關於鰣魚在官場中的地位，可參考《揚州畫舫錄》的記載。乾隆南巡時，揚州「大廚房」為隨行百官置備的滿漢全席分為五等，糟蒸鰣魚屬於第三等，遜於鮑參翅燕、熊掌鹿尾，高於豬羊雞鵝。

民國政府遷都南京後，初潮（即頭網）中最肥美者成了總統府特供的「禁臠」。曾經做過毛澤東專職廚師的程汝明在回憶錄中提到，江青愛吃烤鰣魚，大會堂的廚師一直做不好，為難了好一陣子。那還是上世紀五、六十年代的事了。那時鎮江、南京等地的水產市場還看得到鰣魚的蹤影，一般家庭也買得起，不過現在是吃不到了。

時至今日，想法子與御膳、國宴攀攀關係，還是個通行的法子。京城的茯苓夾餅、豌豆黃兒、奶卷、山楂糕，就依然仰仗皇恩浩蕩，拿腔拿調地以「慈禧太后愛吃的御點」自矜。可惜，老佛爺的面子再大，也經不起量產的稀釋，飢餓營銷終歸餓不到哪裡去。

再說文人。第一個給鰣魚代言的，是東漢的嚴子陵。嚴子陵曾助光武帝劉秀起兵，事後功成身退，隱居於富春江畔，垂釣為樂。劉秀即位後，多次延請其入朝輔政，嚴子陵以難捨鰣魚之味為由婉拒出仕，「子陵魚」從此名聲大振。

此後一兩千年，中國朝野的詩界文苑出現了一個陣容奢華的「鰣魚後援社」。就吃論吃，蘇東坡的法子是「芽薑紫醋炙銀魚」，也就是烤；王安石嘗到的，是荻筍（蘆筍）與魚肉一起熬的湯，湯色白似牛乳；鄭板橋詩云：「揚州鮮筍稱鰣魚，爛煮春風三月初。」所謂「爛煮」，或為與筍同燜；而崇尚「真味」的袁枚認為，鰣魚「貴在清字」，最宜蒸食，油煎亦可。

無論何種方法烹製鰣魚均不去鱗，蓋因皮鱗之交夾著一層油脂，為其鮮味之極處。記得《紅樓夢》脂評本有一回目，曾用「鎮江江上啖出網之鮮鰣」，來比喻某段描寫之絕妙。就因為這個比方，再往後讀到精采之處，耳邊便倏爾響起吮吸魚鱗的咂嘴聲，咻——嘖嘖、嘖嘖，滿紙都是鱗片的霓光。

《隨園食單》有一點特別好，實誠。料理鰣魚或刀魚，搭配的是蜜酒釀和清醬（醬油的一種）。刀魚亦多骨，何解？「將極快刀刮取魚片，用鉗抽去其刺。用火腿湯、雞湯、筍湯煨之，鮮妙絕倫。」寫得一清二楚。

取刺一節，園中廚子的魔鬼刀工宛在眼前，道道霜刃閃寒光，片片梨花舞白蝶，無聲堆成雪。唯獨高湯煨魚，無端端地總是讓我想起前面沈德符講的段子，袁才子家的刀魚頓時有枉死的嫌疑。

看蘇東坡寫吃就不同，佳句往往不足深信。「夜來春睡濃於酒，壓褊佳人纏臂金。」美人臂上的金釧，實為「饊子」（油炸麵條），常用來拌米羹或泡茶湯，單吃不見得有多可口。賤物的廣告都能賣得如此香豔，真不愧是美食界的乾隆，泛愛眾生，處處留情。

以前有吃過的老漁民說，鰣魚雖好，卻並不覺得有多麼超凡絕世。這也許是「如入芝蘭之室，久而不聞其香」，也不排除是秉直實言。「長江三絕」（鰣魚、刀魚、鮰魚）當中，小時候吃過俗稱江團的鮰魚，地道的江中野產，按慣例做成一盆大紅大綠的「江湖菜」。除了依稀記得舌苔上鋪了一層猛辣綿麻的琺瑯彩，對魚肉本身的印象僅限於脂厚鰭肥，吃上兩三塊就有些黏膩。

東坡宣稱「值得一死」的河豚，多年前在粵東試過一回。一盤白生生的清蒸河豚上桌，左右都是「嘩」的一聲，定睛去看。卻又不免忐忑，彼此環顧，附耳拉袖地說笑了一陣，才暗暗抱定「此生難再」的念頭，蹈死落筷。

一入口，清鮮、沖淡，近乎無味，像用舌頭品鑑一件青白釉古瓷。我是第一次見人用酸梅醬蒸魚，酸得生津，夾以醃欖角的澀，於一個淡字中流連變幻出一折戲文來。似有一人，自後庭竹影深處緩步前來，忽而又轉入白粉牆外，被菱花窗弄碎了影子。如今回想起來，盤中的滋味雖不抵一死，竟也因為醬料的有趣惹出無窮遐思。

鰣魚成了傳說，固然教人惋惜，但畢竟沒有吃過，也就沒有到「恨」的程度。南粵為鹹淡水交會之處，水產尤其豐富。我在廣州常吃一種寶石鱸魚，原產於澳洲，頭小、體厚，呈渾圓的紡錘形，因身側有一二晶石狀黑斑而得名。一條一斤左右，街坊價，二十蚊出頭。

若論肉質，海底雞（一種鯛魚）健碩如壯漢，九肚魚（又叫豆腐魚）幼滑如雛兒。寶石魚則剛好，杏李年華女嬌娥，不柴不腴，刺又少，不費事。大火蒸六、七分鐘，筷子往魚腹上一探，滲出一縷瑩亮的魚汁珠子，正是芳枝滴露、暖玉生煙的時刻。剝下一塊含在嘴裡，化成一腔桃花春氣。

不知何故，此魚在本地也不大知名。我時常想，天下之大，既平又靚者不知幾多，得寵的饌食是否都得有點「作」的本事？要麼稀罕、奇貴，要麼多刺、有毒，總之不那麼親和，保持神祕，或者存心折騰、與人作對，非得教人吃點苦頭，才引人憐惜？

「恨鰣魚多刺」，若牠當真無刺，又會如何？不能怪我多慮，實在是因為人性本賤，一言難盡。

不過有一點可以確認，鮰魚幸虧不產於嶺南。一來天高皇帝遠，面聖薦食不易，二來大小騷客們想要南下嘗鮮，還得翻山越嶺，增加了拍馬屁的成本。而老廣歷來務實，不善「務虛」，注重「有著數」（實惠），而不擅炒新聞、講故事、拚噱頭，也即俗話說的「會生孩子，不會取名字」。誇某物好吃，一般只說某物有某味，如「牛有牛味」，「雞有雞味」，此外再無別的話。本土風物譬如荔枝，最響亮的宣傳——「日啖荔枝三百顆，不辭長作嶺南人」，還是出自貶官蘇東坡之手。

後來，蘇東坡被流放至儋州，生活落魄，兒子蘇過特意用山藥、大米粉做了一碗羹湯。老蘇吃了興致高漲，立即賦詩一首，將山野清供比作天上的酥陀，南海的金齏膾，美其名曰「玉糝羹」，又成了海南的一道特色菜。

其實，佛山順德也有一道羹湯，將鯪魚拆骨剔肉，製成魚茸，投入高湯、香米烹成的粥水，再加蘿蔔絲、絲瓜絲、瑤柱、雞蛋、蔥段、木耳絲等，鮮甜驚人。再三詢問其名，夥計答不出，一看菜牌，只有老實得可憐的四個字——「招牌魚羹」。

說起來，叉燒飯、牛肉丸、炒牛河，多少是託了港片的福才為北地所知，而均安烤豬則要感謝央視紀錄片的發掘。名作家張欣曾經感嘆，人們常說「吃在廣州」，卻沒有一道名菜、一間茶樓，被寫得天下皆知。每念及此，不由得「恨」從中來。

原載於《聯合報》聯合副刊，二〇一七年十月二十四日

回味

曬剝皮魚

林文騰

臺灣人，幼時出生於野柳，稍長，遷家至八斗子牛稠嶺，與海接近。臺北市立大學中文碩士，曾獲新北市文學獎、林榮三文學獎。

「六月火燒埔」，農曆六月的陽光，不只熱，其威力在於穿透力，日頭把它最好的武器上膛，讓尖銳的彈頭呼嘯。當地表發燙的溫度如滾水，一蓬一蓬竄上來的時候，就開始了剝皮魚的季節。

漁船卸下一簍一簍的魚，在港口挑選過後，體型大的賣到市場，體型小的不適合料理，除了丟棄之外，另一條出路便是曬成魚乾。

所以當魚販走過，我聰明的母親便開始另一種忙碌。「剝皮魚」顧名思義是要先剝皮才能料理，但這樣的常識並不是人人都有，母親說她剛嫁來漁村的時候，第一次處理，是拿著菜刀猛刮魚鱗，這個舉動讓她被取笑了很多年。她一邊跟我聊這件事情的時候，一邊交代我水龍頭的流量不要太大，細細緩緩能沖洗魚身就好。一邊跟我說剝皮魚進港時，量都很大，刀最好要先磨過，在處理的時候才會俐落。叨叨絮絮的漁村經驗融化在淡淡的魚腥味中，像是一首民歌，在海風與鹽分裡傳承，我看著母親剛處理完的魚肉，一片片晶瑩紅潤在陽光下閃耀，如同她在平凡中累積出的智慧。

曬剝皮魚不難，連醃料也簡單，只要蒜頭、糖、鹽三種。整個曬魚過程雖然耗時，但不會耗費太多的體力跟腦力。唯一需要注意的事物只有一種：貓。

貓，是曬魚時節的重要配角。在漁村，家家戶戶有的是魚鮮，讓出一、二尾給貓吃，或者是天經地義，或者是舉手之勞。但曬魚時，我們把每一片魚乾當成黃金，對貓的容忍度完全消失。貓，此時成了大反派，牠們平常慵懶的眼神，突然變得警醒而狠戾；平常孤傲的姿態，現在成了貪婪狡猾的嘴臉。貓咪偷吃魚，聽來惱人，但其實我心裡面是巴望著牠們常來。多虧了牠們躡手躡腳的演出，才能讓曬魚從枯燥的漁村勞動轉變成充滿戲劇張力的資源保衛戰。

其實，曬魚的大部分工作，是交給六月的日光。原本惡毒的日光，此時如庖丁，翩翩地在魚身上舞蹈。當那些光影身段飄忽迴旋之後，魚便逐漸乾燥熟成，留下那特殊的焦糖味和鹹香味細綿綿地彌漫在空氣中。

有趣的是，這夏天的成品，卻適合等到冬日再來品嚐。尤其是過年期間，陰雨密嚴嚴地裹住了整個北臺灣。在寒氣入骨，直打哆嗦之際，在自家前院升起簡單爐火，放塊魚乾在爐火上微炙，那一小片釃橙橙的魚乾，如琥珀一般凝聚了夏日的海洋氣味，當溫度讓它再一次地釋放那焦糖味和鹹香味時，味覺經常讓我腦海激盪出某些視覺，穿著短汗衫的漁民，船尾行駛過的波痕泡沫，漁船上一枚一枚巨大的燈泡，冰店裡五顏六色的配料，那些蒙太奇似的夏日景象忽地出現在凜凜的寒冬。

想著想著，彷彿夏天真來了，太陽照在頭頂。這冬雨再長，似乎也無用煩憂了。

原載於《自由時報》自由副刊，二〇一七年一月一日

便當

蔡文騫

1987年生，高雄人，臺灣大學醫學系，皮膚科醫師，吃飯很快，寫作不快，喜歡咀嚼世界與文字，散文集《午後的病房課》。

喜歡便當。

盛好熱飯，選擇今天想吃的主菜，配料依序排列，老闆俐落地包好，再擦掉邊角滲出的湯汁，一個個整齊乾淨，不囉唆帶走。

也許喜歡的是吃便當的自由，餐桌能移動到任何地方的可能。

花東鐵路上，車窗切割金色的田與靛色天空，落在餐盒裡，是另外一格不斷變幻的配菜；日本弁当，造型花樣就更多了，印象裡最美的，某年深秋帶著加熱牛舌丼，到東京大學的大銀杏樹下，拉繩機關一拉，石灰遇水發熱，整個便當在清冷季節不可思議地熱氣盛大氤氳上升，對抗不斷落下的葉，黃到極致的秋天，忽然再次沸騰起來。

我喜歡看海，也喜歡吃便當，即使兩件事似乎毫無關聯。

有回從臺東大武街上的自助餐，包了老闆娘說很好吃的當地漁獲白帶魚，頂風走過夕陽與大武溪橋，再爬上觀海步道，焦香油光的魚皮，有小漁港黃昏的餘溫。

另外一次，買了名店押壽司，小心翼翼帶上擁擠的火車，一路到了湘南海岸的七里之濱，才在長椅上打開來吃，生魚肉醃製的押壽司，據說本來就是為了長期運輸不腐敗而製的，方正緊實，一口有鹽的海味，醋的酸香，魚肉被封存的鮮與腥，像海邊粼粼閃閃的波光淚光。

有些事像海面，慢慢變深；有些事像日出，忽然裸露。

有些人有些話像便當，適合打包帶到遠方，等時機適當的時候打開來，大口大口吃掉。

原載於《自由時報》自由副刊，二〇一七年一月十日

這些芒果，是偷來的嗎？

張曉風

曾任教東吳大學、陽明大學，並為香港浸會學院客座教授，及香港大學駐校作家，現退休。

十七歲在《中央日報》副刊發表第一篇作品，二十五歲出版第一本散文集《地毯的那一端》，便獲中山文藝散文獎，為至今得獎人中最年輕的一位。1980年獲國家文藝獎，1997年獲吳三連文藝獎，2009年獲中國文藝協會散文創作榮譽獎章。寫作類型旁及小說、詩，兼寫戲劇、雜文、童話。著有散文集《我在》、《從你美麗的流域》、《星星都已經到齊了》、《玉想》、《花樹下，我還可以再站一會兒》，主編《中華現代文學大系》散文卷、《小說教室》等。

「哼！一定是那片紅騰騰的焚天烈地的朝霞把我吵醒的！」

這是我的結論——否則，我是不可能在凌晨五點半就醒來的。醒來四處查看，緝拿吵人的元凶，但丈夫和女兒都睡得好好的，走到東窗口，看到朝霞狂燒，便一口咬定就是它了。

剛醒的我，矇矇扎扎（這四個字是粵語，我很喜歡，就用了），穿過書廊，走到廚房。照例，也不知是誰規定的，一天，總是從燒一壺開水啟碇。

可是，且慢，這放在廚房案頭的是什麼？呀！是芒果！我昨天傍晚，穿過長長的島嶼，從南部屏東帶回臺北來的芒果。好水果都是沉實的，我無力多帶，只帶了十二個。

此刻，這十二顆芒果正郁郁馥馥散放著香氣。我忽然想起，也許錯怪朝霞了，說不定，把我吵醒的是芒果，芒果暗度的逼人香息。

我猶疑了一下，放棄煮麥片為早餐的常規，動手剝起芒果皮來，芒果甜熟微酸，是上帝賞給熱帶人民特別的優寵。這種芒果一般人叫它土芒果，像土狗、土雞、土豬、土芭樂，凡有土字的都是好東西。

我一面吸吮咀嚼那金色的甘芳，一面流下淚來，吃一隻芒果有那麼值得傷感嗎？唉，我真不知要怎麼說起……

我家，因父親的關係，自民國四十二年至民國一〇四年擁有一棟眷舍，我們在其間生活成長。然後，父母相繼棄世，我們必須還屋。把這棟曾在狂風驟雨之夜與我們相依為命的房舍繳交回國防部。住了六十多年的老屋，當「上面」告訴我們說，它不是你的，你卻只能接受，只能乖乖搬出。

因為，你不曾付錢買下它，你不擁有「所有權」。

而這芒果，就是我跑到屏東故宅——那棟不再屬於我的故宅——中去摘來的。跑三百公里去摘十二顆芒果，這是神經病才做的事吧？

我流淚，是因為我到我自己的老家去採芒果，但，嚴格說來，我的行為已算「偷竊」

了。因為房子既已經由國防部轉給了市政府，那麼前院的兩棵芒果樹也就給沒收了，我在我父母照顧成長的芒果樹上採了十二顆芒果，居然是一件疑似竊盜的行為。

土地，和土地上的東西，究竟屬於誰呢？

東德劇作家布萊希特在《高加索灰欄記》中討論土地正義時，認為土地只屬於愛土地、耕作土地的人，但布萊希特是文學家，法律上卻只認定房地產契約書。而我們手中沒有契約，有的，只是刻骨銘心的六十二年的生活的記憶。

然而，生活和記憶，在俗世的眼光中是不算數的。

吃完一顆芒果，擦乾淨手，也擦乾淨淚。這是故宅院子裡西邊那棵樹上的，東邊那棵比較老也比較大，但西邊這棵因為年輕，生產力也算旺盛。從前，母親身體安祥時，芒果季節我們若未回家，她常會打包寄來臺北。

「臺北沒芒果賣了嗎？你就不能省點心嗎？」

父親咕咕噥噥，然而母親還是照寄。

這世上，有什麼是永恆的呢？

你以為那樸素的木造瓦舍是永恆的，你以為戶口名簿上你的名字和那地址綰合在一起是永恆的，你以為背熟了什麼路、什麼巷、什麼號以及電話號碼就不會把自己走丟……。

「菩提本無樹」，菩提明明是一棵樹，怎麼好端端的居然又不是樹了？（這一點，連大學者陳寅恪也參不透。）只因時過境遷啊！

菩提樹可視作偶然撞到高巖絕壁上的美麗浪花，在半秒鐘之內完成其旋開旋滅的過程，所以只算「一時幻象」，而芒果樹也是如此。我看著它的生發，它的成長，它的歲歲年年的佳果紛垂……，而它也看見我，和我的家人，成長、衰亡、和新枝椏的又復冒地而生，而昌旺。

今朝晨涼中，趁我齒牙猶健，鼻舌尚敏，我來啖我昔日故園中的果實，來重溫我猶暖的對雙親的感念，我在傷逝的悲悵中亦自有其灑然。

假如我必須為我的被解釋為「偷竊」的行為坐牢，我也甘願。

放下六十二年身心依傍的故居，雖然不捨，但，世間萬物哪一項是能扛在肩頭帶走的——在大限來臨之際。既然如此，割捨就割捨吧！萬品萬類，本來就無一我屬。放下原來就不知算是誰的東西的東西，不能算為損失。

舌齒之間，芒果的天香若有若無，在人世諸多幻象中，我暫且重溫這一小剎那的浹髓淪肌的真實。

原載於《聯合報》聯合副刊，二〇一七年一月十一日
後收入《花樹下，我還可以再站一會兒》，臺北：九歌，二〇一七

肉圓、貓鼠麵、大箍意麵

楊錦郁

臺灣彰化人，淡江大學中文系博士，曾在世新大學中文系教過「現代散文研讀及習作」，曾任職《聯合報》副刊組多年。

寫作文類以散文為主，包括抒情散文和人物報導，著有《嚴肅的遊戲》、《用心演出人生》、《溫馨家庭快樂多》、《記憶雪花》、《遠方有光》、《穿過一樹的夜光》、《向太陽說謝謝》、《好時光》、《小西巷》，等，學術論文《呂碧城文學與思想》。曾獲中興文藝獎章、中山文藝創作獎，文章多次被收入各選集。

林明德教授在《彰化縣飲食文化》一書中提過，彰化人在飲食方面，葷食以畜肉居多。確實，不論我們從小吃到大，著名的肉包李、肉包明、肉包成或肉圓、肉羹、碗粿，全省聞名的幾攤爌肉飯，都以豬肉為主。

和大伯接昌釣具店分據長安街、陳稜路口兩側三角窗店面的彰化老擔肉圓的招牌上，寫著創店於一九四〇年，據大伯說，老擔肉圓和八卦山下的燒肉圓，以及過溝仔的肉圓王當初都是由日本人教他們用番薯粉等來做肉圓的，用番薯粉做的肉圓和用樹薯粉或加太白粉做的不一樣，它不含起雲劑，得用小火慢慢地炸，火一快，口感就差了。

從我有記憶起，因為地利之便，我家就吃老擔肉圓，那時小西地區除了老擔，在長安街上還有一攤阿章肉圓，我們偶爾也會去光顧，阿章肉圓除了賣肉圓之外，還賣麵線糊和肉羹，價格好像便宜了一點點，但到阿章那裡，通常是為了兼吃麵線糊，若是只想吃肉圓，則會到老擔去，老擔的攤位上就兩鍋肉圓，一鍋是炸好的，隨時可以盛起用剪刀剪劃兩下，淋上獨門的醬汁，端給客人；另一鍋則是半熟的，每一顆包著豬肉、飽滿的肉圓在油鍋裡慢慢煨著。攤位旁另有一個小灶，上面擺著一個大鋁鍋，要來碗清湯、肉皮湯、蘿蔔湯，請君自便。

店面很淺，只有面牆的兩排竹椅，以及門口兩、三張路邊小桌。我經常跟爸媽要個五塊錢，就自己上門去吃肉圓，在彰化吃肉圓的餐具用的是竹片做的叉子，竹叉子從店家劃開的肉圓中心點下去，先吃皮或肉都美味，一直到現在，我吃肉圓仍然習慣用叉子，用筷子夾肉圓，感覺就是彆扭，好比吃碗粿，店家也是提供叉子。

還有一家老店北門口肉圓，則是我媽的最愛，但這家我比較少光臨，原因有幾個，一來離家的距離有一點路，再來是它每天下午四點多才開張，一開店就得排隊，大約六點多賣完就打烊了。身為學生，這段時間很難抽身上門去。偶爾假日，提議去買北門口肉圓，家人的直接反應都是先看一下手錶，確認時間對不對。

北門口肉圓的灶上也是兩大鍋，一鍋是一般價位的，另一鍋是他們獨家的，裡面包有香菇、干貝、很多肉，約是三倍價錢的肉圓。不同於陳稜路老擔的軟，北門口肉圓的皮較酥。我媽就喜歡這樣的口感，而且難得上門，當然會買貴的那種，只是若去得稍晚，常常向隅。

我們慣常在傍晚，晚餐之前吃肉圓，一顆入肚，沒有太大的飽足感，不至於影響到正餐，但若是捨老擔肉圓，而選擇到高賓閣旁邊的貓鼠麵，就是打算要飽餐一頓了。

我也喜歡到貓鼠麵去，但到這家店去，不是孩子們幾塊錢的零用金可以打發的，所以大都會找爸爸一起去，或者自己去，媽媽隨後再來付錢。貓鼠麵是一般的麵店，因創店的老頭家綽號叫閩南語的「老鼠仔」得名，我沒看過「老鼠仔」，從我小時候，他的店就由姪媳和一個有點像總管的男師傅阿權掌廚。貓鼠麵主要賣滷肉飯、切仔麵和米粉，麵是彰化特有扁平狀油麵，口感Q彈，在其他地方幾乎沒吃過相似的油麵。客人點過主食後，男師傅把麵或米粉放到長柄竹簍子裡，放進滾熱的大骨湯裡切幾下盛起，再注入高湯、獨家肉燥、蒜末、香醋，擺點香菜，再依客人所點，添入「貓鼠麵三寶」：加蔥仔頭的肉丸仔、看得到紅蝦仁塊的蝦丸、雞卷，我通常會要求三樣都加。

我自幼就很喜歡吃魚漿品，肉丸仔、蝦丸都愛，也很愛吃雞卷。雞卷得用豬腹的那層網紗油裹上絞肉、荸薺、魚漿，然後下鍋炸，起鍋後可以直接吃，或像貓鼠麵一樣，再入湯。一碗切仔麵配上肉丸仔、蝦丸、雞卷，真是讓人心滿意足。但還不止這樣，到貓鼠麵豈能不點它的招牌：豬腳。麵攤上有一個陶甕，散發出的陳滷香氣中，是一個個晶瑩滑嫩的豬腳。「江湖」上傳說歌手林強的父親阿水獅在臺中開設了著名的豬腳店，他的一手工夫就是貓鼠麵的頭家傳授的。

爸爸偏愛豬蹄，因為豬蹄的口感更Q，店家會將客人選好的豬腳用剪刀對剪，再澆上陳滷，因為爸爸的影響，也讓我日後只要點豬腳，一定會選擇豬蹄。除此，貓鼠麵還有一項招牌，就是老闆娘自己炸的紅燒肉，紅燒肉要先用香料、紅糟醃過，再裹番薯粉等熱鍋油炸，起鍋後切片盛盤，吃的是它的香酥和肉的多汁，有的店家還會加點淡醃的小黃瓜片，增加口感。

有時候，大人怕小孩吃不下晚飯，又抵不過孩子的嘴饞，也會帶到貓鼠麵去，請店家用竹筷子戳兩、三個丸仔解饞，不過印象中好像很少戳著雞卷吃，大概因為它是長型的，用筷子戳著，容易散掉吧。

我們上了國小後，偶爾會跟著爸媽到臺北玩，那時爸爸慣常住在圓環附近的一間旅館，圓環附近有很多小吃，我們也樂得到處品小吃，就在南京西路和重慶北路交叉的一處市集，發現了由離開彰化的老闆所開的另一家貓鼠麵，「三寶」味道一樣可口，豬腳同款軟嫩誘人。

在陳稜路靠和平路這一邊（今城中街口附近），還有一間大家稱為「大箍意麵」的麵店，也是以豬腳聞名，麵店由老闆夫妻掌爐，夫妻倆都非常「大箍」，店名是不是因此而得，沒有人清楚，但一說到「大箍意麵」，同世代的親朋幾乎都會當下立即反應「喔，它的豬腳很有名。」彰化人並不太吃意麵，不過偶爾吃也是嘗鮮，這家麵攤的招牌是豬腳，除了豬腳還是豬腳，終年穿著竹紗汗衫的老闆，和他們夫妻灶上一鍋陳年的老滷，竟然讓當時紅透半邊天的電影明星李麗華大駕光臨。

李麗華當時是隨著《觀世音》一片到彰化登臺，我從小就是影迷，記得那時是在南瑤路的天一戲院看《觀世音》的。我家和天一戲院有些淵源，因為我的大堂姊錦美嫁給了戲院老闆的次子，她的小姑高中則和我同班。我到南瑤路去，要不是去南瑤宮拜拜，不然就是去天一戲院看電影。當時還有隨片登臺的情形，像李麗華這樣的大明星到彰化登臺更是造成大轟動，而她在《觀世音》裡的扮相十分莊嚴，片子也很叫座。

登臺後，大明星到了「大箍意麵」吃豬腳，雖然輕車簡從，但明星風采是難掩的，況且我媽的姊妹淘咪紗就在麵店對面開南昌皮件店，我媽也是個影迷，一接到電話通報，我們迅即趕到麵店去圍睹「觀世音」的美貌，那樣的追星經驗讓人難忘。所以至今一提到「大箍意麵」，除了和親朋一樣有共同的反應「喔！豬腳」，我個人的聯結還多了李麗華和《觀世音》。

小西的飲食滿多樣性的，每家都各有特色和主顧，就像過去「大箍意麵」的旁邊還有兩家水果店，吃完豬腳，移到水果店，請老闆宋仔切盤當令的水果盤或來杯綜合果汁，可讓味蕾得到很大的滿足；同樣的，貓鼠麵再過去一點，也有冰果室。

啊！這樣的飲食經驗只有在記憶裡追尋了。

原載於《聯合報》聯合副刊，二〇一七年四月十八日
後收入《小西巷》，新北：聯經，二〇一七

香蕉冰淇淋與Orange Sorbet

Sophie W

1974 年生，輔仁大學物理系畢業，美國奧瑞崗州立大學碩士主修統計副修哲學，曾任外商科技公司工程師及補習班英語老師，目前兼職英語翻譯並專職家庭主婦。曾獲桐花文學獎散文獎，華文星雲人間散文獎，桃園文藝創作獎，新北文學獎散文獎，林榮三文學獎小品文獎。文章偶見各報章雜誌。

有史以來最熱的夏天，熱得教人直想吃冰，以沁涼來鎮壓溽暑。

我喜歡香蕉的甜，家中客廳茶几上有個古樸的大木盤，總會放上幾顆蘋果或富有柿，正中央則是一串蕉，但也總是吃不完。久放的香蕉香味愈來愈濃熟，我便把布滿棕斑的過熟香蕉剝皮切塊，丟進保鮮盒，放進冷凍庫，等它凍得像石頭，再拿出來加上新鮮檸檬汁，放進食物調理機，打個一分鐘，就能嘗到口感細滑的天然香蕉冰淇淋；若喜歡甜食，可加蜂蜜或草莓、櫻桃、芒果等一起打，增加口味層次，我也試過加入手工巧克力和各種果乾，味覺感受更奢華。

這冰淇淋做法陽春，成果卻是天然健康又不浪費食材，而教我這招的，是Vicky。十年前她剛從南部上臺北打拚，受限於經濟狀況，只能窩居在中和的小套房，那套房連廁所、陽臺不到十坪，卻有個迷你流理臺。Vicky手藝極佳，幾乎不外食，單用這極侷促的流理臺，就能變出各種美食，給自己弄一頓豐盛的早餐，準備上班時的午餐便當，下班再累也料理簡單的晚餐。身為她朋友，我不只親眼看到，更嘗了不少。

我問過她：「每天上班已經夠累，還要弄吃的，不如外頭吃一吃省事？只要不講究，這城市到處都買得到便宜又能飽肚的吃食。」她定定地看著我，說：「就是有講究，才沒辨法隨便亂吃。吃是生活中很重要的環節，能好好吃，就表示有好好活，工作再累再忙，我都要好好吃。」

也是在某個極熱的夏夜，在她住處聊得久些，她一時興起，說要吃冰淇淋，我笑說妳這兒連電鍋都快放不下，難不成還收了專做冰淇淋的機器嗎？她嘴角上揚，「不用冰淇淋機也可以做冰淇淋。」

她拿出預先放在冷凍庫凍得硬梆梆的香蕉放進果汁機，加入草莓果醬和蜂蜜，打得綿密後迅速舀進大碗，再放入冷凍庫凍十分鐘，拿出來就是甜甜綿綿的香蕉草莓蜂蜜冰淇淋，輕輕鬆鬆、簡簡單單享用到真實美好。在香蕉過盛的臺灣用香蕉做冰淇淋底，不只划算，更是健康。

我揣度著像Vicky這樣心靈手巧的女子，不可能長久蟄伏在這小地方。果然，不出幾年，當時還只是業務助理的她，換了三個工作，待遇一個比一個好，終於搬出向人承租的小套房，換到了屬於自己的兩房一廳。

吃著自製的香蕉冰淇淋，我還想起了另一個同樣適合炎炎夏日的冰品。

那是Pro. Flo的Orange Sorbet。Pro.是professor教授的簡稱，Pro. Flo是十五年前我在美國哲學系念書時的指導教授，年過六十的她鑽研美學，那幾年正研究著人類感官對於飲食的感受解讀，我在她要求下閱讀一本關於飲食和美學的書，第一章未讀完，就給文中一大段介紹法國宮廷中的Sorbet的文字給難倒。先不說那描繪感受闡述觀念的原文繁複難解，在此之前，我連Sorbet是什麼都不知道，Pro. Flo先給我解釋了老半天，看我還是一臉茫然，竟開口邀請我到她家吃她自製的Sorbet。

Pro. Flo住在半山腰上的高級住宅區，她家的美麗花園令人印象深刻，有許多我叫不出名字的花卉；她笑說那全是她先生的功勞，他是國際知名園藝學者，自家花園即是他的實驗區。她領我到風格簡單卻乾淨光潔的廚房，從冰箱冷凍庫拿出玻璃保鮮盒，裡面是一大塊橙黃色冰塊，她把冰塊敲出來，再放進冰淇淋機打了二十分鐘，舀出來，就是Orange Sorbet。

我剛吃覺得像思樂冰，也像小時候路邊小販叫賣的搖搖冰，只是口感綿密許多。但，細細品嘗後，發現思樂冰或搖搖冰是單調的果汁加糖水，但這Orange Sorbet卻香味十足，層次豐富得多。

Pro. Flo一邊關心我學校生活的點滴，一邊告訴我，這冰品最早從法國宮廷傳出，是主菜之間用來清理味覺的小點。她說出做法後，我才了解雖是小點，卻也經過好幾道工序，才能產生豐富的味覺感受。那時，我一個人在異國的窮鄉僻壤，習慣了大都市的喧鬧和朋友環繞，在鄉下的確感覺落寞，Pro. Flo的Orange Sorbet吃到嘴裡是冰涼的，但她的熱心卻溫暖了我。

離開學校十幾年，當時和Pro. Flo所做的美學研究早就模模糊糊，但她所教的Sorbet作法我仍倒背如流。每當心情沮喪，我就買幾個橘得發亮的香吉士，切半榨汁後，加糖煮開，在即將煮開之際，加入一匙西班牙雪莉酒，感受霎時酸酸甜甜的香味瀰漫整個空間。接著，再取顆黃檸檬，把汁擠在煮開的糖橙水裡，然後關火，最後用刨絲器對著完成的糖橙水刨些橙絲，待其冷卻，放進冰箱凍成塊，再把橙水冰塊放進冰淇淋機或食物調理機裡打成泥，即成。

近來臺灣很多高級餐廳會在兩道菜之間上Sorbet讓客人清理味覺，我吃了許多，可沒有一家比Pro. Flo的Orange Sorbet來得高雅動人。

時間在天氣冷熱交替間流逝，人事物也一再變化，但吃食從不缺席，而附於吃食上的美好也因此被重溫。現在，我每次品嘗香蕉冰淇淋，就會想起Vicky在困頓中對夢想的執著；在端出Orange Sorbet招待友人時，就想起Pro. Flo對異鄉學子的殷殷溫情。

原載於《聯合報》聯合副刊繽紛版，二〇一七年七月十三日

無法妥協的台南香腸

米果

臺南人。曾獲林榮三文學獎小說類二獎、時報文學獎小說類評審獎、府城文學獎小說類首獎。現為《天下獨評》、《新新聞》、《蘋果日報》、Nippon.com、《Taipei Walker》、《中學生報》等專欄寫作者。

出版經歷：《慾望街右轉》、《一個人的粗茶淡飯》、《朝顏時光》、《台北捌玖零》、《從前從前我記得》、《初老然後呢》、《極地天堂》等小說雜文類共二十餘部。

從小吃慣臺南香腸的結果，就是對於香腸口味的無法妥協，僅能容許外角球和內角球的些微偏差，一旦超出好球帶範圍，即使勉強入口，也會生氣一整日。

香腸一直都是家裡冰箱的常備食材，小時候跟母親上菜市場，總有一兩個豬肉攤或賣肉鬆肉乾的店家，會很執著於自家灌的香腸，竿子撐起來，一整片如捲簾，很壯觀。母親會捏捏香腸，觀察肥瘦比例，總要嫌棄一下，趁機殺價去尾數，畢竟是熟客，店家也愛鬥嘴，我們家是吃香腸的大戶，一次買好幾串，老闆多少會給漂亮的折扣。

買回來的香腸，先用剪刀分

節剪開，大約兩根香腸成一組，用日曆紙白色的那面捲起來，再用紅色橡皮筋紮緊，放進冷凍庫保存。平日餐桌缺了菜色，尤其少了鹹味下飯，或缺了肉類，就會拿兩根香腸出來救援。早期會下鍋煎，後來有了小烤箱，也無須事先退冰，直接小火烤，烤到吱吱作響還噴油，視時機拿長筷子不斷翻面，表皮出現恰好的脆度卻不至於燒焦的程度，就可以盛盤了。

烤過的香腸稍稍放涼，取刀子斜切，配上青蒜薄片，香腸與西式火腿看似遠房親戚，但臺式香腸的甜鹹和諧還帶有一絲俏皮的草莽豪放，還是比較對胃。

如果當作便當菜，也不切了，一整根香腸塞進白飯裡。香腸表層的醬汁，會趁著蒸飯的過程，滲入米飯空隙裡，恰好的甜鹹香，很下飯。

拜拜的時候，或家裡宴客，香腸也沒缺席，既可日常又可盛宴，桌上多了一盤香腸，不只顏色討喜，滋味也沒讓人失望過。以前放學回家，發現晚餐有香腸，總會偷捏一片先填肚子，還一邊吮指一邊問母親，今天有客人嗎？還是，今天有什麼值得慶祝的大事嗎？

繞著臺南城內城外，每搬一次家，就跟住家附近菜市場做香腸的店家培養新感情，唯有過年過節，才會專程到城內友愛市場知名老店買香腸，那排隊的人龍蜿蜒到西門路還拐了彎，盛況和中正路那頭的黑橋牌幾乎無分軒輊。

可能是一路養成嘴刁的硬脾氣，長大出外讀書，偶爾在自助餐吃到的香腸，或在夜市或戲院或河堤邊的小攤擲骰子打香腸時，吃到滋味口感或肥瘦比例不對的香腸，一口咬下，就後悔了，猶豫著該吐出來還是妥協吞下去，那瞬間，真是為難。

這滋味養成也多少造就了煮食的習性，偶爾客人來訪，不管準備得如何，還是會推出香腸來助陣，那幾乎是待客的基本款了。

原載於《Taipei Walker》二三七期，二〇一七年一月

情深意重的「菜尾」

心岱

1949年出生於彰化鹿港鎮。十七歲離鄉到臺北，即以書寫散文與小說發表於各大報章雜誌，成為知名作家。曾蟬聯第四、五兩屆時報文學獎之報導文學首獎。出版著作有散文、小說、報導文學等文類共五十多本。

於所任職的時報出版公司副總編輯退休後，她把書寫聚焦在「貓」與「故鄉」，專研貓美學與探尋她在食育養成中的關鍵滋味；本書收錄的篇章，就是她咀嚼人生百味的心經。

聽說有一個冰箱要運到，大家高興得不得了，忘記了其實是大姊一家要遠行去南洋，把家私統統從臺北貨運回娘家，興奮淹沒了離愁；在期盼中，約一百五十公分高的冰箱終於風塵僕僕的安置在廳堂神明桌的一旁。

所謂的冰箱，是名符其實的直立「箱子」，需放進大冰塊，利用四周鑲有膠條的密封門，讓內部產生低溫狀態，以予食物保鮮。時值一九五九年，臺灣已經可以生產「電冰箱」了，但普羅大眾還無法享受這種奢侈品，即使是不插電冰箱，偏鄉人家可都沒見過呢，鄰居聞風都跑來觀賞，當時十歲的我，站在通往二樓的梯階，居高臨下鳥瞰那白色的四方體，與周遭傳統家具不搭嘎的衝突感，心裡頓起一陣迷離之惑。

「快去送帖子！」媽媽突然從一群三姑六婆中抽身，抬頭叫我。是的，就是等這個冰箱蒞臨，一切的規劃才得以進行，我看著那冰箱門徐徐被打開，露出微弱的燈光，然後一口吞進從製冰工廠裁量鋸好的大冰塊，門扇才又闔上，在一開一闔之間，周邊的觀眾都鴉雀無聲，各個睜大眼睛生怕遺漏了什麼步驟。

「就這樣？」有人問，「就這樣。」媽媽把冰箱門扇又開闔表演一遍：「上面放冰塊，菜都不會餿。」大夥兒笑開了，紛紛議論著這被公認的最佳「菜櫥」；原本，處理剩菜是每一個家庭晚間的功課，加熱、再放冷才能收進菜櫥，這個手續是當年食物唯一的儲存方式，偏偏，古早節省簡樸的年代，大部分人家煮一餐菜是要配多餐飯的，所以幾乎可以說餐餐都在吃剩菜，此時，當大家發現冰箱可以破解隔夜剩菜的問題，便格外心領神會，羨慕媽媽有個好女兒。

「快去啊，遲了就失禮啦。」媽媽再度催促我出門送請柬。我心不在焉，滿腦子也被這冰箱牽制著，想像著它將帶來的驚喜。

隨著冰箱的就位，表示辦桌日期的底定，毫無關係的兩件事，卻硬是可以互相連結，因為在當年，出國是一樁非同小可的大事，尤其姊夫應聘至國外數一數二學府的榮耀，在小鎮更屬新聞、喜事。父親也覺得是祖上恩德，必須慶賀謝神，並宴請四方，歡樂集氣。

但由於時間侷促，場地不易協調，爸爸於是決定請刀指師傅（大廚之稱）外燴「家筵」，以「席設自宅」的辦桌發帖子，邀請地方大老、宗親友朋、以及大姊的平輩友人，如此三桌剛好可擺設於廳堂。

至於刀指師傅的「揮灑」舞臺，是辦桌最重要的關鍵區，好在家裡有充分的空間可供利用，只是分成三個區域，凡煮烹蒸、燉、炸類要動到火灶的，都歸在媽媽的廚房，清理、洗切的設在天井，擺盤、出菜的空間則在庭院的樹下架起大片桌面，苦了幫手來來回回地跑堂。通常辦桌都在十桌以上，此次若非父親面子大，萬萬不可能三桌就成交，只是父親也有但書，我聽到他交代刀指師傅：「菜尾」要準備五十份，並訂購五十個提鍋包裝，以相贈看著大姊長大的鄰居們。

這時，我才知道原來「菜尾」並不是回收筵席剩菜的大雜匯，它是刀指師傅要表現的最後一道「佳餚」，雖然從未出現在「菜單」上，卻是情深意重的人間美味。

所謂「菜尾」，仔細說來有三個層次，一是筵席回收的剩菜，挑出適合加入「菜尾」的有「扁魚白菜、桂花魚翅、排骨酥湯、紅燒腿庫、紅燒肉、滷豬腳、清燉雞湯、魚翅羹、酸菜鴨、佛跳牆、五柳枝」等。至於冷盤、中藥羊肉、紅蟳米糕、魷魚螺蒜、清蒸魚、油炸物等，這些不適用的菜餚，都得另外分類打包，交由業主分派。

第二個層次是在製作筵席菜的時候，就刻意準備餘留，如類魚翅口感的「磅皮」、五柳枝酸甜微辣的澆料羹、滷豬腳同時放入豬皮、蹄筋備用，排骨酥、扁魚酥、滷白菜、紅燒腿庫時加入五花肉、鵪鈍蛋一起燉煮備用。

第三個層次則是「新料理」，如高湯、白蘿蔔、包心白菜、酸菜、桶筍、筍絲、金針、木耳等，這些配料是菜尾不可或缺的綠葉，要一一汆燙半熟備用，辣椒、香菜等調味料也要洗切完備。

接著將前二類放入大鍋，先以大火滾開，續以中火熬煮，期間陸續加進第三類，依照食材軟爛的程度分出先後，如酸菜、筍絲、桶筍都經得起久熬，必須先入，大白菜、蘿蔔、金針易爛的後放；刀指師此時必須陪伴鍋旁，每隔一定時間，就要仔細攪拌，除了免於沾粘鍋底而燒焦，也是讓每道菜均勻分解、互相融合，彼此釋出最佳的滋味；刀指師傅需不斷試味道，太酸或太鹹，太油或過乾，都可及時添加食材予以調整到合宜的狀態，如此完成後，才熄火分裝到提鍋內。

說也奇怪，這道歷經五味雜陳混搭出來的菜尾，彷彿集合了各種食材的精華，並在大鍋與火候中產生了莫名的變化，完成了絕妙的經典臺灣味。

凡是嚐過「菜尾」的人，都念念不忘那說不出的「滋味」，可嘆的是「菜尾」並非你想吃就可以吃到，它是辦桌主人作為答謝幫忙人手的心意，或因為筵席吵擾到四鄰，而表示致歉的「禮物」。所以只有這兩種人有此福氣，畢竟，菜尾並非從餐廳筵席「打包」回家的剩菜。了解的人，會覺得分享了一份珍饈，不懂的人還以為「環保」分擔，其輕重之分，就在一線之隔。

當為大姊一家餞行的筵席結束後，照例出了菜尾，除了還送四鄰外，在座貴賓每人也分到一鍋回家。看來是皆大歡喜的場面，意外卻發生在次日午後，大姊與姊夫雙雙腹瀉不止，送醫診療，查出是飲食出了問題，他們都吃了昨夜收進冰箱的菜尾，追究緣由，發現鄰居吃了並沒事，唯一區別是，鄰居不怕麻煩，加熱、放冷才過夜，而媽媽果真把冰箱當菜櫥，什麼東西都放進去，沒拿捏好冷度，就是好料也遭殃了。這個插曲成了文明體驗的笑柄，就我記憶中，後來媽媽很少使用冰箱，與周遭家具完全不搭嘎的那個四方體，就此孤立一端，直到兩年後八七水災（一九五九年）來襲，大水淹沒了一層樓高，它終於漂流而不知去向。我沒有忘記它，總是不經意地想起它與菜尾的往事。

原載於《皇冠雜誌》七五七期，二〇一七年三月號

詩・小說

茶詩

林煥彰

臺灣宜蘭人，1939年生。讀生活，寫人生。喜歡新詩、繪畫和兒童文學。1983年發起成立中華民國兒童文學學會，曾任第五屆理事長及亞洲兒童文學學會臺北分會會長等；曾獲中山文藝獎、澳洲建國二百週年紀念現代詩獎章等二十餘種獎項。

著作一百一十餘種，部分作品譯成十餘種外文並出版多種外文版。詩、散文收入兩岸四地及新加坡中小學語文課本和百多種選集中。2008年擔任香港大學首任駐校作家。現任海峽兩岸兒童文學研究會理事長、兒童文學家雜誌發行人。

茶．想

茶苦，茶甘；
人生不都這樣？

一心二葉，想想
想想夜裡山澗起霧，
潺潺曲折流殤……

茶．泡

愛要幾度，全身才開？

沸，要忍
燙，忍無可忍也得忍

一葉葉舒開……

茶·夢

兩山之間，總得有一塊禁地
小小再小都無妨；讓她作夢？

霧有，有霧半睡半醒
或不醒不睡，夜夜如此
成為她的夢；

青青葉葉，採之何忍？

原載於《聯合報》聯合副刊，二〇一七年一月二日

蜜香紅茶西施紅

——贈製茶師陳浩然

渡也

本名陳啟佑，中國文學博士。曾任國立彰化師大國文系所專任教授，現為國立中興大學中文系、所兼任教授。曾獲聯合報極短篇小說獎、中國時報敘事詩獎、中央日報百萬徵文新詩首獎、中興文藝獎章等獎項。著有《歷山手記》、《永遠的蝴蝶》、《手套與愛》、《澎湖的夢都張開翅膀》、《諸羅記》、《唐代山水小品文研究》、《渡也論新詩》、《新詩補給站》、《新詩新探索》等散文集、詩集、論文集共三十一種著作。新詩〈竹〉曾選入教育部編國中國文課本，新詩散文〈吃桑葉的哲人〉曾選入康軒版國中國文課本，新詩〈竹〉曾選入翰林版國中國文課本。目前小說〈永遠的蝴蝶〉選入新加坡中學華文課本、新詩〈石滬〉選入翰林版國中國文課本。

我們去番路公田拜訪友人
和他一生心愛的茶

他正在烘焙紅茶
他說每四十分鐘
須用手翻動茶葉
讓每片葉子公平地享受熱情

翻動西施紅茶
如同翻動美麗芬芳的雲海

我們的鼻子似乎
看見茶葉上的蜜香
看見小綠葉蟬飛過

香味和蟬

飛到附近彌陀禪寺
飄進法師味蕾裡
飄進佛經中
飄進禪中

數小時後
聰慧的西施知道
茶葉的靈魂知道
烘焙已完成

製茶三十五年的友人表示：
不需目測
閉著眼睛觸摸茶葉
手就知道烘焙是否圓滿
功德是否圓滿

我對友人說：
因為你的手有鼻子
你的手有眼睛
你的手有舌頭

我繼續說：
你的手有
道

原載於《自由時報》自由副刊，二〇一七年一月十七日

剝蝦

翁淑慧

翁淑慧，清華大學中文所畢，現任教於大安高工。曾獲教育部文藝創作獎特優、耕莘文學獎，作品散見於副刊。

他將裝著一盒藍鑽蝦的提袋擱在餐桌上，一句話也沒說就進房了。

她解開綁住的袋口，發現袋子底部都是融冰的水，看來蝦子解凍有段時間了，她擔心放回冷凍不新鮮，只好將蝦子取出來，一尾一尾，如寶石墜飾，閃閃發光。

桌上擺著兩個孩子用過的菜餚，和來不及收拾的殘骸，一如往常的倉促痕跡，每週畫畫課前總要來上一筆。她通常送孩子上課後再回來和他一起用餐，兩人冷飯冷菜隨意果腹，廚房早已收拾乾淨，她不想再起油鍋，決定簡單弄個鹽焗蝦就好。她將蝦子清洗乾淨，挑出腸泥，在烤盤舖上厚厚的鹽，再埋進蝦，工序嫻熟，只是太久沒做這道菜，她忘了最佳的熟成時間。

他喜歡吃蝦。戀愛時，他們最常光顧熱炒店，痛快配著啤酒品嚐各式風味蝦。她一直學不會優雅地剝蝦，所以第一次看見他剝蝦，竟有種在看魔術表演的感覺：先是用筷子流利地將蝦運至輸送舌帶，啟動唇齒開關，三兩下硬殼與嫩肉分離，接著蝦殼從他口裡輕彈出來，最後紅白相間的光潔蝦身在她的驚呼聲中展現。他將裹著唾液的蝦夾到她嘴邊，她不加思索叼走他遞送來的溫柔，鮮甜在她嘴裡綻開，她也笑得像一朵燦爛的花。

爾後，她不用再煩惱剝蝦的事了，每當一起用餐，就算是朋友聚餐的場合，只要出現了蝦，他總會貼心幫她剝好，再送入她碗裡。她回報他的方式便是為他研發各種創意蝦料理，直到婚後她懷上孩子，怕造成胎兒過敏，蝦子便暫時從餐桌上消失了，而孩子出生之後，煮食總是急就章，吃飯更是以秒計時，用現成剝好的蝦仁來料理最省事，她犯不著自找麻煩。

今晚，這盒晶亮亮的蝦闖進了他們每週一次的獨處時光。

桌上唯一的熱食飄散出來的香氣在他們之間浮動著，卻引逗不出更多話題，她才意識到原來抽掉兩個孩子的聲音，這個家如此安靜。他們的交集只剩下兩人遺留在公筷母匙上的溫度，那是在孩子還小時，為了避免生病交叉感染，才準備的餐具，沒想到孩子長大了，已經不知不覺養成了習慣，固定出現在餐桌上。

那盤因為烘烤過久而失去飽水彈潤的蝦，似乎無法引起他的味蕾興趣，他依然自顧自滑著手機，完全沒有想動筷的意思。她捏起已經失去光澤的蝦，抖掉上頭的鹽巴，蝦肉因為乾縮，與殼幾乎黏在一起，尤其不好剝，她非常笨拙地剝著，殘餘的鹽粒刺得她乾裂的手發痛，像是為了證明什麼，她繼續一尾一尾剝著，碗邊全是散亂的蝦殼，而盤上的成品，不是被她的指甲戳出大小坑疤，就是成了殘破不堪的蝦末。她終究沒有學會優雅的剝蝦。

她忽然想起他們初夜的隔天，他帶她到最愛的活蝦吃到飽餐廳，他夾起一尾煮熟紅通通的蝦，在她面前晃阿晃，笑著跟她說：「妳知道妳睡覺的樣子真的很像它。」是啊，為什麼那時他可以從身後環抱住她，兩人像蝦一樣蜷曲整晚，也不覺得累呢？

記憶中那些被他毫不留情丟進滾燙沸湯的活蝦，有些總在鍋蓋闔上前的罅隙，拼盡最後力氣跳出熱鍋，然而現在的她卻一動也不動，連稍作掙扎也沒有，只是眼睜睜看著那盤拼湊不出完整蝦身的碎屑攤在兩人之間，任由它失去原本的香氣與溫度。

原載於《聯合報》聯合副刊，二〇一七年二月六日

二魚文化　人文工程　E054

2017 飲食文選

主　　編　吳岱穎
特約編輯　沈如瑩
美術設計　陳恩安

出 版 者　二魚文化事業有限公司
發 行 人　葉珊
地址｜116臺北市文山區興隆路四段165巷61號6樓
網址｜www.2-fishes.com
電話｜02-2937-3288
傳真｜02-2234-1388
郵政劃撥帳號｜19625599
劃撥戶名｜二魚文化事業有限公司
法律顧問　北辰著作權律師事務所
總 經 銷　大和書報圖書股份有限公司
電話｜02-8990-2588
傳真｜02-2290-1658

製版印刷　彩達印刷有限公司
初版一刷　二〇一八年六月
I S B N　978-986-5813-94-9
定　　價　340元

贊助單位　臺北市政府文化局

國家圖書館出版品預行編目（CIP）資料｜飲食文選. 2017／吳岱穎主編. -- 初版. -- 臺北市｜二魚文化，2018.06
272面；14.8×21公分. --（人文工程；E054）｜ISBN 978-986-5813-94-9（平裝）｜1.飲食 2.文化 3.文集｜
538.707｜107006336